Max Direktor

Selbst mauern, betonieren und verputzen

Compact Verlag

Alle Anleitungen wurden sorgfältig
erprobt – eine Haftung kann
dennoch nicht übernommen werden.
Redaktion: Andrea Nölle
Redaktionsassistenz: Ute Albrecht-Mayr,
Christina Steffani
Produktion: Uwe Eckhard
Umschlaggestaltung: Ingeborg Blaschitz
Umschlagfoto: Hebel AG
Druck: Color-Offset GmbH, München
ISBN 3-8174-2276-8
2222764

Ein Wort zuvor

Selbermachen – ein Hobby, das heute für Millionen zur sinnvollen Freizeitbeschäftigung geworden ist. Ob es sich nun um die gemietete Altbauwohnung oder um die eigenen vier Wände handelt, mit etwas Geschick und einer fachmännischen Anleitung lassen sich oft verblüffende Ergebnisse erzielen: bei kleineren Reparaturen, beim Renovieren und Verschönern und beim Um- und Ausbauen. Und Selbermachen bringt Spaß. Freude an der eigenen Arbeit, deren Ergebnis man Tag für Tag sehen und »bewundern« kann; es spart Geld, mit dem sich langgehegte Wünsche erfüllen lassen, und es macht unabhängig von Handwerkern, auf die man womöglich wochenlang und schließlich vergeblich gewartet hat.

Fachgeschäfte, Heimwerker- und Baumärkte versorgen den Hobby-Handwerker mit allen Werkzeugen und Materialien, die er braucht. Doch richtiges Werkzeug und Begeisterung allein reichen nicht aus. Unerläßlich sind eine gründliche Vorbereitung und Fachkenntnisse, wie eine Arbeit durchzuführen und was dabei zu beachten ist.

COMPACT PRAXIS **Selbst mauern, betonieren und verputzen** zeigt, wie man's macht. Mit wertvollen Tips und Tricks, die sich in der Praxis tausendfach bewährt haben. Jeder Arbeitsgang wird ausführlich Schritt für Schritt gezeigt und in Bild und Text erläutert. Übersichtliche Symbole zeigen auf einen Blick, mit welchem Schwierigkeitsgrad, welchem Kraft- und Zeitaufwand Sie bei jedem Arbeitsgang rechnen müssen, welche Werkzeuge Sie brauchen und wieviel Geld Sie durch Ihre eigene Arbeit einsparen können.

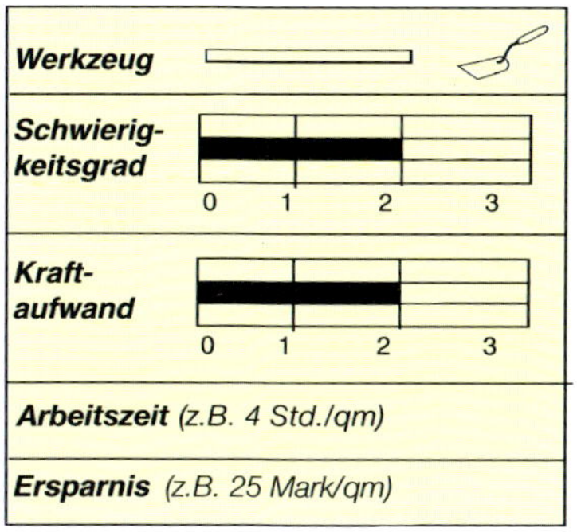

Und so stufen Sie sich richtig ein:

Schwierigkeitsgrad 1 – Arbeiten, die auch der Ungeübte ausführen kann. Es ist nur geringes handwerkliches Geschick erforderlich.

Schwierigkeitsgrad 2 – Arbeiten, die einige Übung im Umgang mit Werkzeug und Material erfordern. Es ist handwerklich durchschnittliches Geschick notwendig.

Schwierigkeitsgrad 3 – Arbeiten, die fachmännische Übung erfordern. Überdurchschnittliches Geschick ist erforderlich.

Kraftaufwand 1 – Leichte, einfache Arbeit, die jeder bequem erledigen kann.

Kraftaufwand 2 – Arbeiten, die eine gewisse körperliche Kraft voraussetzen.

Kraftaufwand 3 – Arbeiten für kräftige Heimwerker, die keine »Knochenarbeit« scheuen.

Auf einen Blick

Fachkunde

Materialkunde

Werkzeugkunde

Grundkurse

Arbeitsanleitungen

Maurerarbeiten im Überblick

Moderne Baustoffe und Arbeitstechniken haben die typischen Maurerarbeiten grundlegend verändert – natürlich auch zum Vorteil des Heimwerkers: Fertigmörtel und großformatige Mauersteine sorgen heute für schnellen Baufortschritt. Die maßgenaue Herstellung von Mauersteinen ermöglicht Arbeitsverfahren, die für den Heimwerker besonders geeignet sind, z. B. das Vermauern mit Dünnbettmörtel oder sogar Mauerwerk, das weitgehend ohne Mörtel auskommt. Zahlreiche Baumaschinen erleichtern die Arbeit – der Heimwerker bekommt sie bei Verleihfirmen.

Allein durch die richtige Auswahl der Baustoffe können Sie sich eine Menge Ärger ersparen und bessere Arbeitsergebnisse erzielen. Die Kataloge der Baumärkte oder Baustoff-Fachhändler enthalten nur eine Auswahl der gängigen Baustoffe. Der Berater im Fachmarkt kennt meist weitere Adressen und Produkte und kann den am besten geeigneten Baustoff empfehlen.

Sie als Heimwerker können zahlreiche Tätigkeiten im Baubereich übernehmen: Von einfachen Reparaturen über Renovierungs- und Sanierungsarbeiten bis zu Umbauten, Erweiterungsbauten oder Neubauten. Der Bau eines ganzen Hauses benötigt viel Zeit – zahlreiche Hersteller haben darauf reagiert und bieten Mitbau- und Ausbauhäuser an, bei denen – je nach Vereinbarung – bestimmte Arbeiten, z. B. alle Ausbauarbeiten, in Eigenleistung erstellt werden können.

Alle größeren Markenhersteller haben heute hochqualifizierte technische Fachberater, die man bei Schwierigkeiten telefonisch um Auskunft bitten kann. Bei größeren Bauprojekten sollte fachkundige Beratung auch an Ort und Stelle zur Verfügung stehen. Hier empfiehlt sich beispielsweise die Zusammenarbeit mit einem Hersteller, der Häuser im Bausatz liefert und den Bau in allen Abschnitten betreut. Auch die Kooperation mit einem lokalen Bauunternehmen kann hier sinnvoll sein – vor allem kleinere Unternehmen zeigen häufig Verständnis für Eigenbau und Kosteneinsparung. Die Baufirma erledigt die schwierigen Arbeiten, z. B. Fundamente, Keller oder den ganzen Rohbau, der Eigenbauer kann von der Erfahrung des Fachunternehmens profitieren.

Wärme- und Schallschutz

Ein richtig geplanter Wärme- und Schallschutz schützt vor unangenehmen Folgen: vor kalten Wänden, hohen Heizkosten und Lärmbelästigung.

1 Verschiedene Baustoffe leiten die Wärme unterschiedlich gut. Die Wärmedämmung beruht auf der schlechten Wärmeleitung von Luft. Je mehr Lufteinschlüsse ein Baustoff besitzt, desto leichter ist er und desto besser ist seine Wärmedämmung. Baustoffe kann man hinsichtlich ihrer Dämmfähigkeit über die **Wärmeleitzahl** (WLZ) vergleichen. Die Wärmeleitzahl gibt an, wie groß die Wärmemenge in Watt ist, die durch einen Würfel mit 1 m Seitenlänge in einer Stunde geht, wenn der Temperaturunterschied auf beiden Seiten 1 °C beträgt. Sollen konkrete Bauteile mit unterschiedlichem Schichtaufbau verglichen werden, verwendet man den **k-Wert** (Wärmedurchgangskoeffizient). Er gibt an, wie groß der Wärmeverlust eines konkreten Bauteils in Watt ist, z. B. einer Wand mit einer bestimmten Dicke. Je kleiner beide Werte sind, desto besser ist die Wärmedämmung.

Bei allen beheizten, neu errichteten Wohnungen oder Gebäuden gilt die **Wärmeschutzverordnung** vom 1. Januar 1995. Die Wärmeschutzverordnung bestimmt hinsichtlich der Wärmedämmung von Bauteilen folgendes:

- Der gesamte Wärmebedarf darf bei Neubauten (auch bei Erweiterungen um mehr als 10 m^2 Wohnfläche und bei Dachausbauten) eine bestimmte Höhe pro Quadratmeter nicht überschreiten.
- Für kleinere Bauten (bis zu zwei Vollgeschosse und bis zu drei Wohnungen) kann auch das Bauteilverfahren verwendet werden, bei dem verschiedene maximale k-Werte festgelegt werden.
- Geringere Anforderungen gelten für Sanierungen, bei denen Veränderungen an bestehenden Gebäuden vorgenommen werden (Werte in Klammern).

Die k-Werte dürfen maximal betragen:

Außenwand:	k = 0,5	(0,5)
Decken:	k = 0,35	(0,5)
Dach:	k = 0,22	(0,30)
Fenster:	k = 0,7	(1,8).

Die Tabelle auf Seite 8 zeigt, welche Baustoffe mit welcher Rohdichte typisch sind und welche k-Werte erreicht werden können – jeweils bei Dünnbettvermörtelung. Diese Werte können nur als grobe

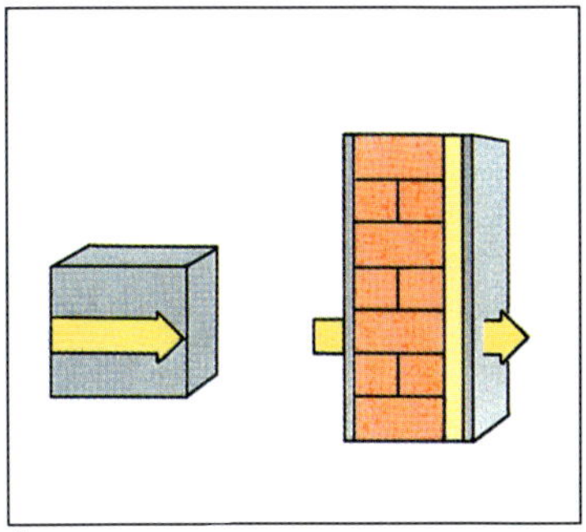

1

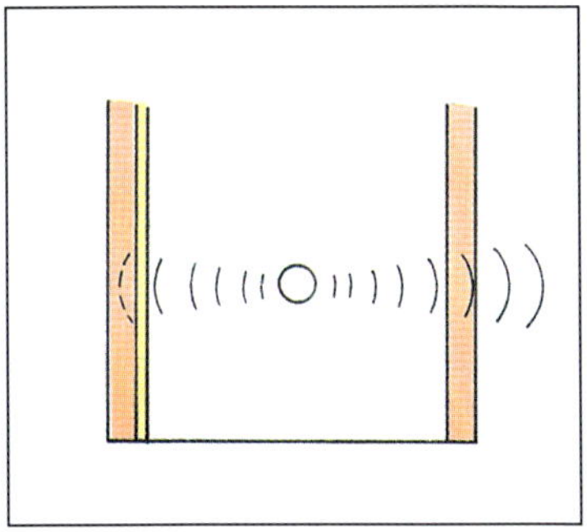

2

3

Mauersteine und ihre Eigenschaften				
Baustoff	Rohdichten kg/m³	Wärmeleitzahl W/mK	k-Wert W/m²K Wanddicke 36,5 cm	Schalldämmung R'w (dB) Wanddicke 24 cm
Ziegel	700–2000	0,18–1,20	0,45–2,10	44–53
Porenbeton	400– 800	0,12–0,23	0,31–0,60	36–44
Kalksandstein	1000–2000	0,50–1,30	1,11–2,20	49–53
Leichtbeton	500–2000	0,14–1,40	0,36–2,30	38–54
Verbreitete Stoffwerte, zum Teil bei Dünnbettvermörtelung oder mit Leichtmauermörtel				

Vergleichswerte gelten, da sich Produkte in vielen Bereichen unterscheiden. Als wichtiges Ergebnis kann man jedoch festhalten: Die Wärmeschutzverordnung kann mit modernen, gut dämmenden Baustoffen und Wanddicken von 30,0 bis 36,5 cm meist eingehalten werden. Nur Kalksandstein benötigt eine zusätzliche Dämmschicht.

2 Von nicht zu unterschätzender Bedeutung ist auch der Schallschutz von Gebäuden und Wohnungen. Grundsätzlich unterscheidet man Luftschall und Trittschall. **Luftschall** entsteht durch Schwingungen aus Lauten, er überträgt sich über Wände zu benachbarten Räumen und wird dort abgestrahlt. Je größer die Masse eines Bauteils ist, desto besser ist die Luftschalldämmung. Das widerspricht jedoch den Anforderungen der Wärmedämmung. Bei geringer Bauteilmasse kann man eine Kombination mit schallschluckenden Dämmstoffen vorsehen, z. B. Mineral- oder Zellulosefasern.

3 Dagegen entsteht **Trittschall** nur auf dem Boden durch Gehen oder Stühlerücken. Trittschall kann sich über die Decke fortsetzen und an anderer Stelle als Luftschall abstrahlen. Trittschall bekämpfen Sie am besten am Ort seiner Entstehung, und zwar durch schwimmende Fußbodenkonstruktionen, z. B. schwimmende Estriche (dazu Seite 78) oder mit speziellen Trittschall-Dämmplatten.

Schallbelastung und Schallschutzwerte werden in Dezibel **(dB)** angegeben. Eine gute Luftschalldämmung besteht, wenn das „bewertete Schalldämm-Maß R'w" 45–55 dB beträgt, eine sehr gute bei Werten über 55 dB. Eine gute Trittschalldämmung besteht, wenn der „bewertete Normtrittschallpegel L'n,w" unter 53 dB liegt, eine sehr gute bei Werten unter 46 dB.

Feuchtigkeitsschutz

Mauerwerk muß in der Regel vor Feuchtigkeit geschützt werden. Feuchtigkeit tritt bei erdberührenden Mauern in Form von normaler Erdfeuchtigkeit und in Form von drückendem Stau-, Hang- oder Grundwasser auf. Außerdem können Niederschläge und Wasserdampf das Mauerwerk belasten und schädigen.

1-2 Die Abbildung zeigt am Beispiel eines unterkellerten Neubaus, wo Sperrschichten gegen Feuchtigkeit und drückendes Wasser vorzusehen sind (gestrichelte Linien). Bei normaler Erdfeuchtigkeit erfolgt die senkrechte Abdichtung durch Putz und einen Dichtungsanstrich (Dichtungsschlämme oder bituminöser Anstrich). Stattdessen kann auch eine geeignete Dickbeschichtung direkt auf das Mauerwerk aufgetragen werden. Im Sockelbereich sorgt Zementputz für ausreichenden Schutz, etwa 80 cm über der Erdoberfläche beginnt der normale Putz.

Ist das Gebäude von Grund- oder Stauwasser bedroht, erfolgt die Abdichtung meist mit mehreren, überlappt verklebten Dichtungsbahnen oder mit Betonmauern, z. B. aus wasserdichtem Sperrbeton.

3 Eine waagrechte Abdichtung erfolgt auf dem Kellerfußboden, indem man eine Dichtungsbahn satt in ein Mörtelbett verlegt, anschließend Mörtel aufträgt und auf der Sperrschicht weitermauert. Eine ähnliche Abdichtung erfolgt über der Geländeoberfläche, meist auf der Kellerdecke. Kellermauern erhalten an der Sohle eine Hohlkehle aus Zementmörtel, die mit einer Flasche oder einem Rohrstück geformt wird und dort für eine bessere Abdichtung des Anschlusses sorgt.

4 Wenn zeitweise eine Belastung des Mauerwerks mit größeren Feuchtigkeitsmengen nicht ausgeschlossen werden kann, sieht man heute Dränageleitungen vor. Sie laufen meist rund ums Haus, besitzen einen eigenen Reinigungsschacht und sind allseits mit etwa 20 cm Dränagekies umgeben. Ein Filtervlies über der Dränageschicht schützt zusätzlich vor Einschwemmung von Feinteilchen.
Vor allem bei **älteren Gebäuden** fehlen diese Sperrschichten. Die Wände sind feucht, Salze gelangen ins Mauerwerk, blühen aus und zerstören den Putz. Die mögliche Sanierung richtet sich nach den baulichen Gegebenheiten, nach

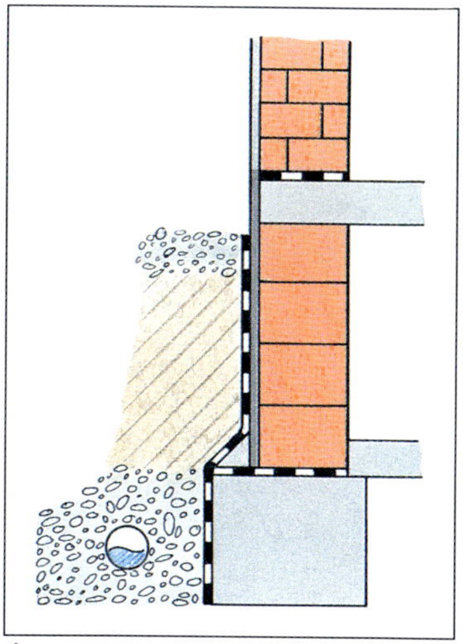

1

der Stärke der Durchfeuchtung und der geplanten Nutzung.

Bei nicht unterkellerten Gebäuden und bei nur leichter Durchfeuchtung können meist einfache Maßnahmen Abhilfe schaffen: Die Freilegung des Mauerwerks, geeignete Sanierputze außen und innen im Sockelbereich und Dränagekies führen zu guten Ergebnissen.

Bei stärkerer Durchfeuchtung müssen Sie andere Maßnahmen ergreifen. Eine **nachträgliche horizontale Feuchtigkeitsisolierung** ist durch verschiedene Verfahren

2

3

4

möglich, die zum Teil nur Spezialfirmen ausführen. Beim Chromstahlblech-Verfahren wird ein gewelltes Stahlblech in die Mauerfugen eingetrieben. Beim Mauersägeverfahren fräst ein Spezialsägeblatt eine durchgehende Fuge ins Mauerwerk, in die eine Sperrschicht eingeschoben wird. Beim Maueraustauschverfahren entfernt man das alte Mauerwerk und mauert es mit einer Sperrschicht wieder hoch. Bei der Bohrlochinjektion wird saugfähiges Mauerwerk mit chemischen Lösungen getränkt, welche die Abdichtung bewirken.

Eine **nachträgliche vertikale Abdichtung** ist am besten von außen durchführbar, da das Mauerwerk dann austrocknen kann: Der alte Putz wird abgeschlagen, ein neuer Putz und ein Dichtungsanstrich aufgebracht – ganz ähnlich wie beim Neubau. Eine Innenabdichtung ist in bestimmten Fällen möglich, jedoch bleibt der Wandquerschnitt ständig durchfeuchtet. Je aufwendiger sich eine Feuchtigkeitssanierung gestaltet, desto eher sollten Sie fachkundigen Rat von unabhängigen Fachleuten einholen.

Mauerwerk muß meist auch vor **Niederschlägen** geschützt werden – eine Ausnahme bildet nur Sichtmauerwerk, das aus wetterfesten Baustoffen hergestellt wird. Der Schutz des Mauerwerks erfolgt im wesentlichen durch den Außenputz und die anschließende Farbbeschichtung. Risse und Fehlstellen führen zur Durchfeuchtung und langfristig zu Schäden.

Ökotip
Feuchtes Mauerwerk verliert seine Dämmwirkung. Ausbesserungen schützen nicht nur vor kostspieligen Schäden, sondern sparen Energie und tragen zum Schutz der Umwelt bei. Außerdem senken sie die Heizkosten.

Eine Feuchtigkeitsbelastung von Bauteilen erfolgt auch durch den in der Raumluft vorhandenen **Wasserdampf.** Ist die Luftfeuchtigkeit hoch und kühlt die Raumluft ab, z. B. in schlecht wärmedämmenden Raumecken, kommt es zum Niederschlag von Tauwasser, zu Durchfeuchtung und Schimmelbildung.

Bei allen Baumaßnahmen sollten Sie darauf achten, daß keine Wärmebrücken entstehen, beispielsweise durch schlecht dämmende Baustoffe wie Beton.

Sicherheit bei Maurerarbeiten

Arbeiten auf dem Bau bergen eine Vielzahl von Gefahren. Vermeiden Sie Unfälle und Verletzungen durch richtiges Verhalten.

1 Schützen Sie Ihre Hände, indem Sie geeignete, widerstandsfähige **Handschuhe** tragen. Das ungewohnte Arbeiten mit rauhen Mauersteinen und Mörteln kann zu Hautverletzungen führen. Verwenden Sie nur Meißel mit **Schutzgriffen**, die danebengehende Hammerschläge abfedern.

2 In vielen Fällen ist das Tragen eines **Helms** zu empfehlen, z. B. bei Abbrucharbeiten oder dann, wenn mehrere Personen gleichzeitig an einem Gerüst arbeiten. Arbeiten Sie so, daß keine Baustoffe oder Werkzeuge von Gerüsten fallen können. Staubbelastungen können Sie durch eine entsprechende **Staubmaske** vermeiden, z. B. bei Abbrucharbeiten oder Fräsarbeiten. **Schutzbrillen** können je nach Ausführung vor Mörtelspritzern oder vor Steinsplittern bei Stemm-, Abbruch- oder Fräsarbeiten schützen.

3 Sorgen Sie dafür, daß die Baustelle abgesperrt ist, z. B. durch entsprechende **Hinweisschilder** und Drahtzäune, die Sie sich ausleihen können. Informieren Sie gegebenenfalls Mitbewohner oder Nachbarn.

Beachten Sie unbedingt folgende Grundregeln für Arbeiten am Bau:

- Vermeiden Sie Hast und Hetze, denn die Arbeitssicherheit bleibt dabei häufig auf der Strecke.
- Vermeiden Sie Stürze, indem Sie umsichtig arbeiten und nur geeignete Leitern und stabile Gerüste verwenden.
- Achten Sie auf die Gefahren durch Strom; verwenden Sie nur geeignete Kabel, z. B. hochbelastbare Gummischlauchleitungen und schlagfeste, ggf. spritzwassergeschützte Kupplungen; schützen Sie die Kabel vor Beschädigung.
- Vermeiden Sie Stolpergefahren durch herumliegende Kabel, Werkzeuge und Baustoffe.
- Entnageln Sie Bauhölzer und tragen Sie nur stabile Schuhe.
- Halten Sie Kinder von Baustellen und gefährlichen Baustoffen fern.
- Prüfen Sie, ob Sie eine Bauherrenhaftpflichtversicherung abschließen wollen. Versichern Sie Ihre Helfer und gegebenenfalls sich selbst unbedingt bei der **Bauberufsgenossenschaft** gegen die Folgen eines Unfalls.

1

2

3

Grundlagen der Statik

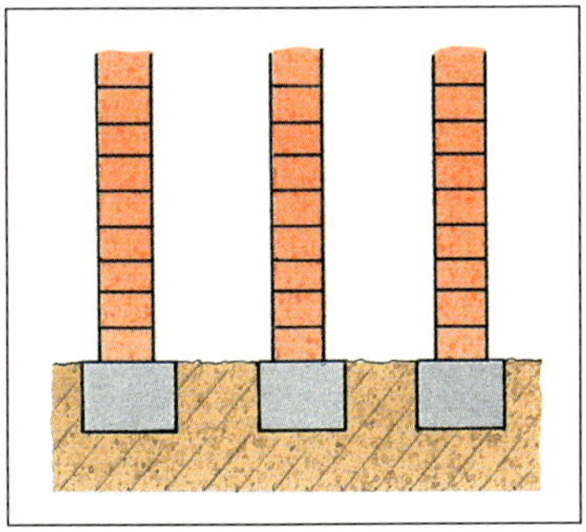

1

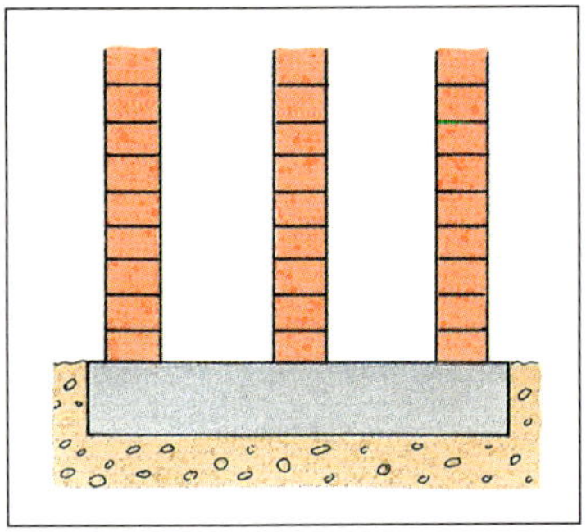

2

3

Der Statiker sorgt durch seine Berechnungen für die Standsicherheit eines Hauses oder von bestimmten Bauteilen. Er berechnet Lasten und Druckbelastungen und danach Balken, Decken und Bewehrungen, Mauerwerk und Fundamente.

1-3 Größere Bauteile und vielfach auch kleinere ruhen auf **Fundamenten**. Diese haben die Aufgabe, den auf ihnen lastenden Druck auf den Baugrund zu übertragen. Es gibt unterschiedliche Baugründe: Gute und belastbare wie Lehm-, Ton- und Felsböden, mittlere wie Kies- oder schlechtere wie Moorböden. Nach dem Baugrund richten sich auch die Fundamente. Bei gut tragenden Untergründen kann man **Streifenfundamente** vorsehen, die ganz unterschiedliche Abmessungen haben können. Streifenfundamente sind in der Regel auch ausreichend bei weniger schweren Bauteilen wie Garagen oder Gartenmauern. Bei schwierigeren Untergründen sieht man meist ein mit Baustahlmatten bewehrtes **Plattenfundament** vor. Dabei werden die von oben kommenden Druckkräfte vollflächig auf den Untergrund verteilt. Fundamente müssen bis in **frostfreie Tiefe** reichen, damit eventuell sich ansammelndes Wasser nicht durch Gefrieren Bauteile hebt und beschädigt; das ist je nach Klimazone mindestens 80 bis 120 cm unter Erdreich. Der Heimwerker kann einfache Streifen- und Plattenfundamente selbst herstellen, sollte jedoch hochbelastete Fundamente, wie sie für Wohngebäude nötig sind, auf jeden Fall von einer Fachfirma ausführen lassen.

Eine wichtige Aufgabe des Statikers ist die Berechnung des **Mauerwerks**. Die Belastungen des Mauerwerks hängen vor allem von den darüber befindlichen Lasten ab, also auch von der Stockwerkzahl eines Hauses. Mauersteine werden in unterschiedlicher Belastbarkeit hergestellt. Je fester und belastbarer ein Stein ist, desto schlechter ist aber häufig seine Wärmedämmung. Auch innerhalb einer Mauer können unterschiedliche Mauersteine nötig werden, z. B. bei hochbelasteten Mauerpfeilern oder über Stürzen. Für die meisten Zwecke werden dem Heimwerker jedoch Mauersteine mit geringer Druckbelastbarkeit genügen.

Mauerwerk muß unterschiedliche Aufgaben erfüllen. **Tragende Wände**, das sind vorwiegend

Außenwände, müssen die Hauptlast aufnehmen und benötigen daher eine Mindestdicke, die bei kleineren Wohngebäuden häufig 24 cm beträgt. Um eine bessere Wärmedämmung zu erzielen, werden jedoch häufig deutlich dickere Mauern gebaut. **Aussteifende Wände** – vor allem die Innenwände – sind Querwände, die den tragenden Wänden eine genügende Steifigkeit geben, also seitliche Verschiebungen verhindern. Sie sind häufig 11,5 oder 17,5 cm dick. Dagegen sind **nichttragende Wände**, z. B. einfache Trennwände ohne statische Funktion, auch in geringeren Wanddicken möglich.

***4* Zweischaliges Mauerwerk** besteht aus einer Innenschale – häufig 24 cm dick und tragend – und einer Außenschale – häufig 11,5 cm dick. Zweischaliges Mauerwerk wird meist als Sichtmauerwerk aus Kalksandstein oder Ziegel ausgeführt. Der Raum zwischen beiden Schalen ist je nach Konstruktion mit einer Wärmedämmschicht gefüllt, zum Teil ist auch eine Hinterlüftung der Dämmschicht vorgesehen. Die äußere Schale ist mit speziellen Maueranker (mindestens 5 Stück/m²) mit der inneren verbunden. Kombinationen verschiedener Baustoffe und Steingrößen sind möglich.

Freistehende Mauern – Mauern, die durch nichts weiter stabilisiert sind, z. B. freistehende Gartenmauern – sind nur bis zu einer bestimmten Höhe zulässig. Die zulässige Höhe ist abhängig von der Mauerdicke und vom Eigengewicht der Mauersteine. Die nebenstehende Tabelle zeigt die maximal zulässigen Höhen bei Mauern direkt über dem Gelände. Für Mauern, die deutlich über dem Gelände liegen wie Mauern auf hochliegenden Terrassen, sind aufgrund der höheren Windbelastung nur geringere Höhen zulässig.

Um die statische Belastbarkeit von Betonbauteilen zu verbessern, werden Bewehrungen verschiedener Art eingesetzt, insbesondere **Betonstahl** in Form von Stäben oder Matten. Auch einfachere Bauteile, wie sie der Heimwerker ausführen kann, können mit Baustahl bewehrt werden, z. B. einfache Streifenfundamente oder Terrassenplatten. Betonstahl trennt man mit einem Seitenschneider oder mit einem Trennschleifer, notfalls auch mit einer Metallsäge.

4

	Zulässige Höhe von freistehenden Mauern			
Mauerdicke	Rohdichte 1,4 kg/dm³	Rohdichte 1,6 kg/dm³	Rohdichte 1,8 kg/dm³	Rohdichte 2,0 kg/dm³
17,5 cm	1,24 m	1,31 m	1,35 m	1,43 m
24,0 cm	1,70 m	1,80 m	1,86 m	1,96 m
30,0 cm	2,13 m	2,28 m	2,36 m	2,53 m
36,5 cm	2,71 m	2,95 m	3,09 m	3,36 m

Genehmigungen, Bauaufsicht und Nachbarschaftshilfe

Bauarbeiten sind vielfach genehmigungs- oder doch zumindest anzeigepflichtig. Das gilt nicht nur für Neubauten, sondern auch für Veränderungen, Umbauten, Ausbauten oder Nutzungsänderungen. Häufig gibt es heute verkürzte und vereinfachte Genehmigungswege – der Staat will sich nicht mehr so stark in die Belange des einzelnen einmischen.

Kontrolliert wird vor allem die Einhaltung der Baubestimmungen – in der Regel bei der Bauabnahme, z. B. nach Vollendung des Rohbaus. Geprüft wird die fachgerechte Ausführung, die Einhaltung der Wärmeschutzverordnung und zahlreicher Sicherheitsbestimmungen, z. B. beim Bau von Schornsteinen, Feuerstätten, Lagereinrichtungen für Heizöl usw.

Die Einhaltung aller Sicherheitsbestimmungen ist auch deshalb wichtig, weil sich sonst im Schadensfall Schwierigkeiten mit der jeweiligen Versicherung ergeben können. Kontrolliert wird auch, inwieweit die lokalen Baubestimmungen eingehalten wurden, die Vorschriften des Bebauungsplans, z. B. hinsichtlich Geschoßzahl, Gebäudegröße, Baunutzung, Lage und Bauweise.

Bei umfangreicheren Planungen und Arbeiten kann der **Architekt** helfen. Er hat Erfahrung, kann unabhängige Beratung anbieten und die Bauaufsicht übernehmen und dabei zahlreiche Tips und Ratschläge geben. Architekten werden nach der **HOAI** (**H**onorar **O**rdnung für **A**rchitekten und **I**ngenieure) abgerechnet, in der für alle Tätigkeiten Mindest- und Höchstsätze angegeben sind. Natürlich kann man eine Entlohnung auch anders vereinbaren.

Der Architekt kennt nicht zuletzt auch Firmen, die Eigenleistungen positiv gegenüberstehen. Denn je größer ein Bauprojekt ist, desto eher wird es sich nur in Zusammenarbeit mit Fachleuten realisieren lassen. Eine genaue Abstimmung mit einer Fachfirma und eine sinnvolle Aufteilung der Arbeiten kann in vielen Fällen die beste Lösung sein. Der Bauherr kann so von den Ratschlägen und der Erfahrung der Fachfirma profitieren.

Viele Arbeiten am Bau können Sie nicht alleine ausführen, Sie sind auf Mithilfe angewiesen. Für unentgeltliche Hilfe am Bau verwendet man meist den Begriff **Nachbarschaftshilfe**. Der Gesetzgeber erlaubt eine **unentgeltliche** Hilfe von Nachbarn, Freunden und Bekannten auf Gegenseitigkeit oder aus Gefälligkeit. Schwarzarbeit dagegen ist verboten und wird streng bestraft. Darunter versteht man alle Arbeiten, die jemand gegen Entgelt verrichtet und für die weder Steuern noch Sozialversicherungsbeiträge bezahlt werden.

Man sollte für **alle Helfer am Bau** (und nicht zuletzt für sich selbst) eine Unfallversicherung bei der **Bauberufsgenossenschaft** abschließen – eine Versicherung, die nicht teuer ist. Die Adresse der zuständigen Berufsgenossenschaft erhalten Sie bei Ihrer Gemeindeverwaltung. Zeigen Sie das Bauvorhaben rechtzeitig vor Beginn der eigentlichen Bauarbeiten an. Melden Sie alle Unfälle sofort. Die Berufsgenossenschaft verlangt jedoch, daß Sie alle wichtigen Unfallverhütungsvorschriften einhalten.

Profitip

Halten Sie einen Sanitätskasten auf der Baustelle bereit. Er hilft nicht nur bei größeren Verletzungen, sondern insbesondere bei kleineren Blessuren wie beispielsweise Abschürfungen.

Mauersteine und Bauelemente

Zur Errichtung von Mauern eignen sich Mauersteine aus verschiedenen Grundmaterialien, die unterschiedliche Eigenschaften aufweisen. In den meisten Fällen erhält Mauerwerk eine Putzbeschichtung. Die dafür verwendeten Mauersteine nennt man **Hintermauersteine.** Für unverputztes Sichtmauerwerk eignen sich nur wetterfeste **Vormauersteine** aus Ziegel und Kalksandstein. Herkömmliches Mauerwerk wird mit waagrechten und senkrechten Mörtelfugen hergestellt. Steine mit Mörteltaschen ermöglichen ein fugenloses Aneinanderstoßen der Steine und ein anschließendes Vergießen der Tasche; Steine mit Verzahnungen oder Nut und Feder benötigen überhaupt keinen Stoßfugenmörtel mehr. Besonders paßgenau hergestellte Mauersteine nennt man **Plansteine,** sie können mit Dünnbettmörtel vermauert werden, der ähnlich wie Fliesenkleber mit einer Zahnkelle aufgetragen wird.

1

1 Mauersteine sollen verschiedene Anforderungen erfüllen. Sie müssen ausreichend druckfest sein, bei druckbelasteten Außenmauern also eine höhere Druckfestigkeit besitzen als bei nichttragenden Trennwänden. Bei allen beheizten Gebäuden steht die Dämmfähigkeit der Baustoffe im Vordergrund. Um die Wärmedämmung zu verbessern, werden Steine gelocht und porosiert. Im Gegensatz dazu erfordert eine sehr gute Schalldämmung vor allem massive, schwere Mauersteine. Die Abbildung zeigt die Steinstrukturen (jeweils von links) von Porenziegel, Vollziegel und Porenbeton (oben), von Kalksandstein, Bimsbeton- und Blähton-Betonsteinen (unten).
Wichtige Daten über Rohdichte, Wärme- und Schalldämmung von einzelnen Baustoffen entnehmen Sie der Tabelle auf Seite 8.

2 **Ziegel** bestehen aus Ton, der bei hohen Temperaturen gebrannt wird. Die Art der Herstellung sowie die Brenntemperatur verleihen den Ziegelbaustoffen unterschiedliche Eigenschaften. **Vollziegel** bestehen ganz oder zu einem Großteil aus Ton; sie sind sehr schwer, schlecht wärmedämmend, jedoch gut schalldämmend. Eine spezielle Form von Vollziegeln sind Klinker, die bei so hohen Temperaturen gebrannt werden, daß die Oberfläche zu sintern (schmelzen) beginnt; sie werden dabei besonders widerstandsfähig gegen schädliche Umwelteinflüsse.

2

3

Lochziegel und **Hochlochziegel** enthalten einen bestimmten Lochanteil, um das Gewicht zu reduzieren. Um die Wärmedämmung weiter zu verbessern, mischt man dem Rohstoff Sytrolperlen oder Holzspäne bei, die bei hoher Temperatur verbrennen und so wärmedämmende Luftporen zurücklassen (Porenziegel).

Die Eigenschaften der Ziegel sind ganz unterschiedlich: Porenziegel sind gut wärmedämmend, Vollziegel gut schalldämmend. Klinker sind nicht nur weitgehend wasser-, sondern auch dampfdicht. Neben den üblichen Hintermauerziegeln gibt es meist kleinformatige Vormauerziegel für Sichtmauerwerk.

Die Abbildung zeigt (von links nach rechts): Porenziegel für mörtelfreie Stoßfuge, großformatige Mauerziegel, Mauerziegel mit Mörteltasche (hinten), kleinformatige Hochlochziegel, Vollziegel und Klinker (vorne).

3 Mauersteine aus **Porenbeton** benötigen immer eine schützende Putzschicht. Porenbeton wird aus feinkörnigem Quarzsand, Kalk und Zement hergestellt. Ein Triebmittel erzeugt gleichmäßig verteilte, feine Luftporen, die dem Stein nach dem

Härten unter Dampf sein vergleichsweise geringes Gewicht und seine gute Wärmedämmung verleihen. Neben den herkömmlichen Mauersteinen gibt es die maßgenau hergestellten Plansteine, die mit Dünnbettmörtel vermauert werden. Da man Porenbeton außerdem sehr einfach bearbeiten kann, ist er ein idealer Baustoff für Heimwerker. Steine aus Porenbeton sind auch in ungewöhnlichen Formaten erhältlich, z. B. in Breiten von 10,0 oder 20,0 cm.

Die Abbildung zeigt großformatige Plansteine mit Nut und Feder für mörtelfreie Stoßfugenausbildung (links und rechts), Plansteine für leichte Trennwände (Mitte).

***4* Kalksandsteine** werden aus Sand und Feinkalk hergestellt und unter Dampfdruck gehärtet. Kalksandsteine sind vergleichsweise schwer und wenig wärmedämmend, als Vollsteine jedoch gut schalldämmend. Kalksandsteine gibt es ähnlich wie Ziegel als Vollsteine mit keinem oder nur geringem Lochanteil sowie als Lochsteine. Größere Formate bezeichnet man bei geringem Lochanteil als Blocksteine, bei höherem Lochanteil als **Hohlblocksteine**. Kalk-

4

5

sandsteine gibt es als herkömmliche Mauersteine oder als Vormauersteine für Sichtmauerwerk. Verblender sind besonders maßgenau hergestellte Steine mit erhöhter Frostbeständigkeit.

Die Abbildung zeigt groß- und mittelformatige Steine, u. a. mit Nut und Feder sowie Mörteltasche (hinten), kleinformatige Voll- und Lochsteine (vorne).

5 Als **Leichtbeton** bezeichnet man ein Gemisch aus Sand und Zement mit porigen, wärmedämmenden Zuschlägen wie Bims oder Blähton. **Bimssteine** enthalten als Zuschlag den natürlich vorkommenden Bims, **Blähbetonsteine** den aus Ton hergestellten Blähton. Leichtbetonsteine gibt es in verschiedenen Formaten, jedoch nur als Hintermauersteine. Größere Lochsteine mit hohem Lochanteil nennt man **Hohlblocksteine.** Leichtbetonsteine gibt es in gut wärmedämmenden Ausführungen und in unterschiedlichen Formaten. Eine Besonderheit sind Steine, die sich als **Trockenmauerwerk** ganz ohne Mörtel verlegen lassen.

Die Abbildung zeigt großformatige Voll- und Hohlblocksteine (hinten) sowie kleinformatige Ergänzungssteine (vorne).

6 **Betonsteine** ähneln in ihren Formen zum Teil den Leichtbetonsteinen, sie sind sehr schwer und sehr schlecht wärmedämmend und eignen sich nur für untergeordnete Bauzwecke.

7 Als **Natursteine** bezeichnet man natürlich vorkommende Steine aus verschiedenen Grundbestandteilen, z. B. Kalkstein, Dolomit, Sandstein. Natursteine sind schlecht wärmedämmend. Deshalb werden sie vor allem zu dekorativen Zwecken eingesetzt, z. B. im Gartenbereich. Natursteine lassen sich trocken verlegen oder vermauern. Es gibt sie in natürlicher Form sowie in allen Bearbeitungsstufen. Im Freien kann man nur frostbeständiges Material einsetzen. Das Angebot ist so vielfältig, daß sich ein eigener Natursteinhandel etabliert hat, der auch Ratschläge zur Verarbeitung geben kann.

Glasbausteine sind im engeren Sinn keine Mauersteine, weil sie nur geringen Belastungen ausgesetzt werden dürfen. Sie müssen in der Regel mit einem Sturz überdeckt werden, um die Belastung des darüber liegenden Mauerwerks aufzunehmen. Glasbausteine gibt es in zahlreichen Dekors. Sie sollten mit relativ trockenem Mörtel verarbeitet werden, der am besten als Fertigmörtel bezogen wird.

Die meisten Baustoffe sind saugfähig und nehmen Wasser auf. Sie werden dadurch schwer und benötigen lange Zeit zur Austrocknung. Mauersteine sollten also immer **trocken gelagert** werden, am besten auf Paletten und mit geeigneten Folien abgedeckt, um die Steine vor Verschmutzung zu schützen.

Von den hier dargestellten Baustoffen gibt es zahlreiche **Sonderformen**, die zum Teil nur von bestimmten Firmen hergestellt werden. Speziell für Sichtmauerwerk gibt es **Formsteine** aus Ziegel und Kalksandstein mit winkligen oder gerundeten Ecken und Abdecksteine für freistehende Mauern. Installationssteine sparen Schlitze für Wasser- und Elektroleitungen aus. Eine besondere Form von Mauersteinen sind **Schalungssteine**, die sich trocken verlegen lassen und anschließend mit Beton ausgegossen werden, z. B. für Kellermauerwerk oder Gartenmauern.

8-9 Eine Vielzahl von größerformatigen **Bauelementen** erleichtert die Bauarbeiten: Fenster- und Türöffnungen werden mit Stürzen überdeckt – man unterscheidet nichttragende und tragende Stürze mit unterschiedlicher Belastbarkeit, flache und hohe Stürze, gedämmte und ungedämmte Stürze. Für **Mauerbögen** gibt es spezielle einbaufertige Bogenstürze. Auch **Rollladenkästen** werden in gedämmter und ungedämmter Ausführung angeboten.

Vorgefertigte Treppenelemente ermöglichen dem Heimwerker inzwischen auch den Bau von Treppen, Schornsteinbausätze sogar den Bau von Schornsteinen. Aus Deckensteinen und Trägern können Sie selbst Massivdecken herstellen, außerdem können Sie Deckenfertigteile einsetzen, die zum Teil auch schon in verputztem Zustand erhältlich sind.

Profitip
Wählen Sie unbedingt Baustoffe und Bauelemente, die gut zusammenpassen. Sie vermeiden damit Bauschäden durch unterschiedliche Eigenschaften und Ärger bei der Verarbeitung.

Wer die Wahl hat, hat die Qual! Das gilt natürlich auch für die **Entscheidung**, welchen Baustoff man verwenden möchte. Wenn Sie nicht von vornherein eine Vorliebe für ein Grundmaterial haben, entscheiden Sie sich anhand folgender Überlegungen:

- Überlegen Sie, welche Arbeitstechnik Ihnen am meisten zusagt. Die Vermauerung mit Dünnbettmörtel ist für die meisten wohl die einfachste Lösung.
- Überlegen Sie, welche Eigenschaften eine Mauer haben sollte, und wählen Sie danach Baustoff und Mauerdicke.
- Achten Sie auch auf statische Probleme, und lassen Sie sich im Zweifelsfall beraten.
- Wählen Sie nach Möglichkeit größere Formate, weil Sie damit schneller zum Ziel kommen.

7

8

6

9

Steinformate, Mauerdicken und Materialbedarf

Die Steinformate bezeichnet man häufig als Vielfaches des sogenannten **Dünnformats** (DF) mit der Abmessung 24,0 x 11,5 x 5,2 cm (z. B. 10 DF). Mit den Mörtelfugen ergeben Mauersteine einen Teil oder ein Vielfaches eines Achtelmeters. Die waagrechte Fuge (Lagerfuge) ist bei normaler Vermörtelung 1,2 cm, die senkrechte Fuge (Stoßfuge) 1,0 cm dick. Steine bis zur Größe 2 DF nennt man Kleinformate, bis 5 DF Mittelformate und darüber Großformate.

In der untenstehenden Tabelle sehen Sie die typischen Mauerdicken, einige typische Einsatzbereiche und die benötigten Mauersteine. Der Mörtelbedarf steht nur ungefähr fest, die Arbeitszeit ist geschätzt. Wird die Stoßfuge nicht vermörtelt, reduziert sich der Mörtelbedarf um etwa 40 Prozent. Der Baustoffhändler kann den genauen Materialbedarf in seinen Tabellen exakt nachschlagen.

Im folgenden sehen Sie die Abmessungen einiger typischer Steinformate bei normaler Vermörtelung. Steine ohne Stoßfugenvermörtelung haben eine größere Steinlänge, z. B. 24,8 statt 24,0 cm, Plansteine für die Dünnbettvermörtelung auch eine größere Steinhöhe, z. B. 24,9 statt 23,8 cm, da hier die Mörtelfuge nur 1 mm beträgt.

Gebräuchliche Steinformate in cm bei voller Vermörtelung (Länge x Breite x Höhe):

DF	24,0 x 11,5 x 5,2
NF*	24,0 x 11,5 x 7,1
2 DF	24,0 x 11,5 x 11,3
3 DF	24,0 x 17,5 x 11,3
10 DF	24,0 x 30,0 x 23,8
12 DF	36,5 x 24,0 x 23,8

* NF = Normalformat

Mauerwerk mit normaler Vermörtelung (Werte jeweils für 1m² Mauerwerk)	***Mauerdicke (in cm)***						
	11,5	11,5	17,5	24,0	24,0	30,0	36,5
Typische Steinformate	NF	2 DF	3 DF	2 DF	12 DF	10 DF	12 DF
Steinbedarf (Stück)	50	32	32	64	12	16	16
Mörtelbedarf (Liter)	24	17	26	44	21	30	36
Verarbeitungszeit (Std.)	1,0	0,9	1,4	1,8	1,0	1,2	1,5
Einsatzbereiche (Beispiele)							
Außenmauern						●	●
Innenmauern			●	●	●		
Trennwände		●	●	●	●		
Kleingebäude				●	●	●	
Gartenmauern			●	●	●		
Mörtelbedarf für Vollsteine, bei Lochsteinen etwa 10 % mehr, für Mörtelverluste müssen meist weitere 10 % zugeschlagen werden. Auch der Steinbedarf kann sich durch Steinbearbeitung um etwa 10 % erhöhen.							

Bindemittel

Bindemittel verbinden die Zuschlagstoffe bei Mörtel und Beton und verleihen ihnen unterschiedliche Eigenschaften.

Kalke werden durch Brennen von Kalkstein bei hohen Temperaturen gewonnen und vorwiegend zur Herstellung von Mörtel verwendet. Das Brennen entzieht dem Kalkstein Wasser. Beim anschließenden Löschen mit Wasser zerfällt der Kalkstein zu feinen Kalkteilchen. Kalkteig (Sumpfkalk) ist pastenförmig und auch für Kalkanstriche verwendbar, Kalkhydrat ist pulverförmig. Diese Kalke sind **Luftkalke,** d. h. Mörtel aus diesen Kalken erhärten nur mit dem Kohlendioxid aus der Luft, benötigen dazu einige Wochen und dürfen während dieser Zeit nicht luftdicht abgeschlossen werden.
Zur besseren Verarbeitbarkeit werden **hydraulische Kalke** hergestellt, die auch ohne Luftzufuhr erhärten. **Hochhydraulische Kalke** ergeben dabei einen noch belastbareren Mörtel, die **Putz- und Mauerbinder (PM-Binder)** sind in ihren Eigenschaften diesen Kalken vergleichbar.

Mit **Zement** lassen sich die höchsten Festigkeiten erreichen. Zemente sind vielfältig einsetzbar, so für Mauer- und Putzmörtel, für Beton und Estrich. Durch unterschiedliche Zusatzstoffe entstehen verschiedene Zementsorten. Normaler Portlandzement – die gängigste Zementart – ist für den Heimwerker in der Druckfestigkeit 32,5 (früher 35) ausreichend. Nach der neuen Zementnorm heißt dieser Zement Portlandzement CEM I 32,5 R (frühere Bezeichnung PZ 35 F). Die Bezeichnung R steht für schnell erhärtende Zemente. Fehlt diese Bezeichnung, dann erhärtet der Zement auf übliche Weise. Daneben gibt es Portlandhüttenzement, Portlandkalksteinzement, Portlandpuzzolanezement und Hochofenzement, zum Teil für spezielle Einsatzbereiche.

Gips kann aus dem natürlich vorkommenden Gipsstein oder durch industrielle Prozesse gewonnen werden. Gips ist feuchtigkeitsempfindlich. Deshalb ist er nur für den Innenbereich geeignet. Er wird für Spachtelmassen, Putze und Estriche verwendet. Erstarrungsverzögerer können die schnelle Abbindung von reinem Gips deutlich verlangsamen.

Die klassischen natürlichen Bindemittel können weitgehend oder zum Teil durch **Kunststoffe** ersetzt werden. So enthalten heute viele Fertigmörtel Zusätze, um deren Eigenschaften zu verbessern.

1

1 Die Abbildung zeigt Kalkhydrat (oben), PM-Binder (links) sowie Zement (rechts).

Profitip
Bindemittel werden durch den Kontakt mit Feuchtigkeit nach dem Öffnen mehr oder weniger schnell unbrauchbar. Schon die Luftfeuchtigkeit genügt, um Zement, Gips und Kalk verderben zu lassen. Bewahren Sie angebrochene Bindemittel daher möglichst luftdicht auf, z. B. gut verschlossen in alten Farbeimern.

Mauer-, Putz- und Estrichmörtel

1

2

3

Mörtel sind Mischungen aus Sand, Bindemitteln und Wasser. Es gibt Mörtel, die man zum Mauern und Putzen gleichermaßen verwenden kann, aber auch Mörtel, die sich nur zu einem Zweck eignen.

1 Der Hauptbestandteil der meisten Mörtel ist **Sand**. Er bestimmt vor allem die Verarbeitungseigenschaften. Für die Mischung von herkömmlichem Mörtel wird meist Sand in der Körnung 0-4 mm verwendet, Fertigmörtel enthalten Sand meist in kleinerer Körnung. Für Feinputze verwendet man Feinsand. Grobe Zuschläge zum Mörtelsand ergeben bei Putzmörtel die Oberflächenstruktur.

2 Die Mischung von Mörtel aus den Grundbestandteilen erfolgt nach **Raumteilen**. Es muß dabei beachtet werden, daß die Raumteile wirklich gleich groß sind, denn eine Schaufel mit feuchtem Sand enthält wesentlich mehr Material als eine Schaufel mit trockenem. Als Wasser ist nur klares, sauberes Wasser geeignet, am besten Leitungswasser. Das Selbstmischen lohnt sich bei größeren Mengen.

3 Alle Mörtelarten sind auch als **Fertigmörtel** erhältlich. Fertigmörtel haben viele Vorteile: Der Einkauf von Zuschlagstoffen und Bindemitteln entfällt, Sie müssen den Mörtel nur noch mit Wasser anrühren, die Qualität des Mörtels ist gleichbleibend. Es gibt Kleinpackungen für alle möglichen Reparaturarbeiten und es gibt Universalmörtel, die man für viele Zwecke einsetzen kann.

Profitip

Bindemittel und Mörtel trocknen die Haut aus und führen zu rissigen Händen. Tragen Sie bei der Verarbeitung Handschuhe und cremen Sie die Hände vor und nach der Arbeit kräftig ein.

Mörtelgruppen werden nach den dazu verwendeten Bindemitteln benannt, die dem Mörtel unterschiedliche Eigenschaften verleihen. Kalkmörtel sind vergleichsweise wenig belastbar, dafür jedoch sehr atmungsaktiv. Kalkzementmörtel sind stärker belastbar und setzen auch Niederschlägen größeren Widerstand entgegen. Zementmörtel sind hochbelastbar, nehmen sehr wenig Wasser auf und sind feuchtigkeitssperrend. Gipsmörtel sind Fertigmischungen aus Gips, Kalk und Sand verschiedener Körnung; sie sind sehr atmungsaktiv und nur für Innenputze geeignet. Mörtel mit einem hohen Anteil an Kunststoffen (Kunstharzen) als Bindemittel bezeichnet man als organische Mörtel, die nur zu Putzarbeiten einsetzbar sind.

Sicherheitstip

Bindemittel wie Kalke und Zemente sind ätzend und können ebenso wie scharfkantige Sande schwere Augenverletzungen verursachen. Tragen Sie deshalb eine Schutzbrille. Spülen Sie bei Materialkontakt das Auge mehrere Minuten mit reichlich sauberem Wasser aus und suchen Sie einen Arzt auf.

Mauermörtel

Mauermörtel müssen vor allem ausreichend belastbar sein. Sie müssen Unebenheiten ausgleichen und den Druck gleichmäßig übertragen. Mauermörtel werden in die Mörtelgruppen (MG) I (Kalkmörtel), II (Kalkzementmörtel, Bindemittel Kalk und Zement, PM-Binder oder hochhydraulische Kalke) und III (Zementmörtel) eingeteilt. Kalkmörtel sind vergleichsweise wenig belastbar, sie eignen sich jedoch in der Regel für nichttragendes Mauerwerk. Mörtel der Mörtelgruppe II sind für die meisten Maurerarbeiten ausreichend belastbar. Zementmörtel können hohe Lasten tragen, z. B. unter tragfähigen Stürzen. Den Zementmörteln, die eigentlich sehr spröde sind, kann man bis zu einem halben Raumteil Kalkhydrat beimischen, ohne den Zementanteil zu verringern. Sie lassen sich dadurch besser verarbeiten. Die gebräuchlichsten Mischungsverhältnisse von Mauermörteln und ihre Einsatzbereiche finden Sie in der Tabelle auf Seite 25. Alle diese Mörtel sind auch als Fertigmörtel erhältlich. Nur als Fertigmörtel gibt es **Dünnbettmörtel**, einen kleberartigen Mörtel, der mit einer Zahnkelle aufgetragen wird. Auch wärmedämmender **Leichtmauermörtel** kann nur als Fertigmörtel bezogen werden.

Putzmörtel

Putzmörtel dienen zum einen natürlich dekorativen Zwecken; sie erzeugen eine gleichmäßige und ästhetische Wandoberfläche. Zum anderen haben Putze jedoch eine beachtliche Schutzfunktion: Sie schützen Mauerwerk vor allem vor Niederschlägen und damit vor langfristiger Zerstörung, sie verhindern Durchfeuchtung und unnötige Wärmeverluste, vor allem in Verbindung mit Anstrichen.

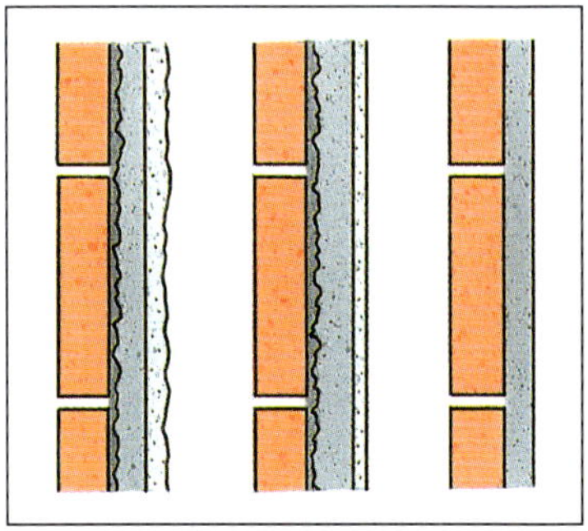

4

5

6

Auch Putzmörtel werden in verschiedene Mörtelgruppen (P I – V) eingeteilt: Kalkputze (P I), Putze aus hochhydraulischen Kalken, Putz- und Mauerbindern oder Kalk-Zement-Gemischen (P II), Zementputze (P III), Gipsputze (P IV), Putze mit organischen Bindemitteln (Kunstharzen) für Außen- und Innenbereich (P Org 1) und nur den Innenbereich (P Org 2), letztere auch als verarbeitungsfertige Fertigmörtel in Eimern erhältlich.

Putze sind im Außen- und Innenbereich unterschiedlichen Beanspruchungen ausgesetzt und deshalb auch anders aufgebaut. **Außenputze** sind meist der Witterung ausgesetzt, sollen daher weniger saugfähig sein. Mörtel der Mörtelgruppe IV (Gipsmörtel) sind daher überhaupt nicht, Mörtel der Mörtelgruppe I nur bedingt geeignet. **Innenputze** dagegen sollen möglichst atmungsaktiv sein, d. h. sie sollen überschüssige Luftfeuchtigkeit aufnehmen und später wieder abgeben können. Deshalb eignen sich für den Innenbereich Putze der Gruppen P I und P II, außerdem P IV und P Org 1 und 2.

4 Herkömmliche Putze sind **mehrlagige Putze**. Die Grundregel für den Putzaufbau lautet: Die Festigkeit der Putze soll zur Oberfläche hin abnehmen oder gleichbleiben, der Oberputz darf nicht härter sein als der Unterputz, dies könnte zum Abplatzen führen. Es gibt zahlreiche Kombinationsmöglichkeiten, von denen hier die gebräuchlichsten genannt werden.

Der klassische **Aufbau eines Außenputzes**: ein Spritzbewurf aus Zementmörtel, ein Unterputz der Mörtelgruppe P II, ein strukturgebender Oberputz P II, P Org 1 oder ein geeigneter Feinputz. Der klassische **Aufbau eines Innenputzes**: ein Spritzbewurf aus Zementmörtel, ein Unterputz der Mörtelgruppen P I oder P II, ein strukturgebender Oberputz der gleichen Gruppen oder P Org 1 und 2 oder ein Feinputz.

Daneben kann man sowohl im Außen- wie im Innenbereich **einlagige Putze** einsetzen, entweder nur wenige Millimeter dünne Putze auf Kunstharzbasis, die eine gute Haftung entwickeln, aber einen sehr gleichmäßigen Putzgrund erfordern, oder für den Innenbereich eine Reihe von Gipsputzen, die jedoch für den Heimwerker meist schwerer zu verarbeiten sind.

5-6 Putze sollen in der Regel bestimmte **Oberflächenstrukturen** erhalten. Sowohl für die Innen- als auch für die Außenanwendung entstehen Feinputzoberflächen mit Feinputzmörtel, den man als Fertigmörtel kauft. Für den Außenbereich verbreitet sind **Kellenstrichputze**, bei denen die Struktur mit einem Kellenstrich erzielt wird, und **Reibeputze**, bei denen Bewegungen mit der Traufel linien- oder kreisförmige Strukturen hinterlassen. **Spritzputze** enthalten unterschiedlich große Körner, die dem Putz eine eher feine oder rauhe Struktur verleihen.

Groß ist das Angebot von **Spachtel- und Rollputzen**, die man mit der Traufel, mit der Kelle oder aber mit Pinseln und Strukturrollern bearbeiten kann. Der **Schlämmputz** ist ein Fertigputz, der dünn mit einer Bürste aufgetragen wird, so daß die Struktur der Mauer noch sichtbar bleibt. Vor allem bei Strukturputzen sind Fertigputze von Vorteil: Man hat viele Strukturen zur Auswahl, hat immer die gleiche Zusammensetzung. Nicht zuletzt gibt es durchgefärbte und färbbare Putze. Bei allen Fertigputzen sind die Hinweise des jeweiligen Herstellers zu beachten. Die wichtigsten Mi-

Mauer- und Putzmörtel (Übersicht und gebräuchliche Mischungsverhältnisse)

	Kalkhydrat	PM-Binder/ hochhydraulischer Kalk	Zement	Sand	Einsatzbereiche (entspricht Mörtelgruppe)
Kalkmörtel	1			3	Mauermörtel für wenig belastete Mauern / Mörtel für Innenputze (MG I, P I)
Kalkzementmörtel		1		3	„Universalmörtel“: Mauermörtel für alle üblichen Einsatzbereiche / Mörtel für Außen- und Innenputze (MG II, P II)
	2		1	8	
Zementmörtel			1	4	Mauermörtel für hochbelastetes Mauerwerk / Mörtel für Putze im Sockelbereich und bei erdberührenden Mauern (MG III, P III)
Gipsmörtel	Fertigmörtel				Mörtel für Innenputze (P IV)
Organische Mörtel	Fertigmörtel				Mörtel für Außenputze und Innenputze (P Org 1) und nur für Innenputze (P Org 2)

Für 100 Liter Mörtel benötigt man etwa 120–130 Liter Sand und die erforderliche Menge an Bindemitteln. Selbst gemischte Mörtel kann man je nach Witterung etwa eine Stunde lang verarbeiten.

schungsverhältnisse von selbstmischbaren Putzen finden Sie in der Tabelle.

Es gibt eine Reihe von Spezialputzen, die hier kurz erwähnt werden müssen: **Haftputze** sind Putze mit Gipsanteil, sie können auch in geringen Dicken aufgetragen werden und eignen sich vor allem für sehr schwierige Untergründe. **Dämmputze** mit wärmedämmenden Zuschlägen werden meist in Dicken von 5 cm verarbeitet. **Sperrputze** sind wassersperrende Putze für erdberührendes Mauerwerk. Daneben gibt es **Spachtel-** und **Reparaturmassen** mit Spezialeigenschaften, z. B. zur Überbrückung von kleineren Rissen, und **Streichputze**, eigentlich Anstriche, die entweder zur Strukturierung dienen, aber auch unregelmäßige Untergründe ausgleichen können.

Estrichmörtel

Estriche sind ebene, stabile Fußböden, die entweder direkt genutzt oder mit einem Bodenbelag versehen werden. Für den Heimwerker eignet sich die Herstellung von Zementestrichen. Der Estrichmörtel hat das Mischungsverhältnis 1 Raumteil Zement : 3 Raumteile Sand. Er ist nur erdfeucht, damit er ohne Pfützenbildung geglättet werden kann. Estrichmörtel gibt es auch als Fertigmörtel. Daneben sind zahlreiche Spachtel- und Reparaturmassen im Handel erhältlich, mit denen man Estriche ausbessern kann.

Beton

Beton besteht aus Zement, Wasser und Zuschlägen und ist im erhärteten Zustand ein künstlicher Stein. Als Zuschlag dienen bei **Normalbeton** natürliche Steine mit abgestufter Körnung. Für die unterschiedlichen Einsatzzwecke benötigt man verschiedene Betonfestigkeiten.

1 Die Betonfestigkeit hängt von der Menge des zugegebenen Zements, von der Kornzusammensetzung der Zuschlagstoffe, der Wasserzugabe und der Nachbearbeitung ab. Je mehr Wasser zugegeben wird, desto geringer ist die Festigkeit, da bei der Austrocknung Poren entstehen. Die Stabilität von Betonbauteilen wird durch Bewehrungen mit Stahlstäben oder Stahlmatten verbessert. Ein solcher Beton heißt Stahlbeton.

1

Die **Festigkeitsklassen** werden mit B bezeichnet. Typische Festigkeitsklassen für gewöhnliche Betonarbeiten sind Betone B 10, B 15 und B 25. Für den Heimwerker ist es praktisch nicht möglich, eine bestimmte Festigkeitsklasse genau nachzumischen. Ist eine bestimmte Festigkeit vorgeschrieben, sollte man auf Transportbeton aus dem Betonwerk zurückgreifen.

Die Mischung der Betonbestandteile müßte eigentlich nach Kilogramm erfolgen, zumindest die Zementzugabe. Denn das Abmessen mit der Schaufel ist ungenau und der Zement hat eine unterschiedliche Dichte im gerüttelten Zustand (z. B. im Sack) und im geschütteten Zustand (z. B. aus dem Sack in eine Wanne geschüttet). Das Abmessen nach Kilogramm ist jedoch für kleine Baustellen und den Heimwerker nicht praktikabel. Die nebenstehende Tabelle zeigt Mischungen für verschiedene Einsatzbereiche nach Raumteilen, wobei Zementzugabe im geschütteten Zustand vorausgesetzt wird. Die Raumteile müssen gleich groß sein, z. B. faßt eine Schaufel mit nassen Zuschlägen mehr als eine Schaufel mit trockenen. Die in der Tabelle mit der jeweiligen Mischung erreichbare Betonqualität kann aus diesen Gründen nur eine grobe Schätzung sein.

2

2 Beton wird in unterschiedlicher **Konsistenz** hergestellt, was vor allem für die Verarbeitung wichtig ist. Steifer Beton (Konsistenz **KS**) ist etwas nasser als erdfeucht, plastischer Beton (**KP**) weich, weicher Beton (**KR**) flüssig und fließfähiger Beton (**KF**) sehr flüssig (im Bild von links oben nach rechts unten). Je flüssiger ein Beton ist, desto leichter läßt er sich auch in feingliedrige Querschnitte einbringen und desto leichter läßt er sich durch Stochern verdichten. Steifer Beton muß zur Verdichtung mit einem Stampfer gestampft oder mit Rüttlern verdichtet werden. Für die meisten Heimwerkerarbeiten eignen sich die Konsistenzen KP und KR.

Gebräuchliche Mischungsverhältnisse für Beton

Mischung	Zement	Kies	Einsatzgebiete (Beispiele)	Entspricht etwa Betonqualität	Zement (in kg) für 1 m^3 Beton
Universal-mischung	1	4	für fast alle Heimwerkerarbeiten, auch für Terrassenplatten und Treppenstufen, eine Mischung, mit der man eigentlich nichts falsch machen kann	B 15	300–330
Fundament-mischung	1	5	für alle Betonbauteile, die in die Erde eingebracht werden, z. B. für Streifenfundamente unter Erdreich, Sockel, Verankerungen für Pfosten und Pfeiler	B 10	240–260
Robuste Mischung	1	3	für Witterung und Umwelteinflüssen wie Streusalz ausgesetzte Bauteile, für Pflaster und andere sehr widerstandsfähige Betonteile	B 25	350–400

Sicherheitstip
Alle Betonarbeiten für tragende Bauteile erfordern umfangreiche Grundkenntnisse und sollten deshalb Fachleuten vorbehalten sein. Es gibt für die meisten Fälle großformatige Fertigelemente.

Die **Menge** des erforderlichen Betons muß errechnet werden nach der Formel: Länge x Höhe x Breite, plus 10% Verdichtungszuschlag. Als Zuschlag sollte man geeigneten Betonkies vom Werk beziehen. Für 1 m^3 Beton benötigt man etwa 1,3 m^3 Kies, 150–200 l Wasser und 240 bis 400 kg Zement. Planen Sie so, daß Sie entweder nicht benötigte Bindemittel wieder zurückgeben oder sie bei Bedarf am Verarbeitungstag besorgen können.

Wenn Sie **Transportbeton** vom Betonwerk bestellen, müssen Sie die Betonfestigkeit angeben, die Sie wünschen bzw. die bei der statischen Berechnung angegeben ist. Sie müssen dem Betonwerk eine Reihe von Angaben machen, z. B. über Menge, Lieferzeit und Lieferort, Betonhärte und -konsistenz und Betonzusätze. Eine spezielle Form des Transportbetons ist der **Sperrbeton**, ein wasserdichter Beton. Er erfordert eine bestimmte Sieblinie und Zementzugabe, kann also auf keinen Fall selbst hergestellt werden, auch wenn Sie dazu Dichtungsmittel hernehmen.
In Baumärkten gibt es eine Reihe von Spezialprodukten, z. B. Fertigbeton in Säcken, der nur noch mit Wasser angerührt werden muß, eine Fülle von Reparatur- und Spachtelmassen, darunter auch schnellhärtende Produkte, die in wenigen Minuten aushärten.

Gerüste, Geräte und Baumaschinen

1

2

3

Für viele Arbeiten am Bau sind Arbeitsgerüste sinnvoll oder notwendig. Gerüste sollen einerseits die Arbeit erleichtern, andererseits sollen sie vor Unfällen schützen. Größere Gerüste können Sie bei speziellen Gerüstverleihfirmen ausleihen, die sie entweder zugleich auch aufbauen oder aber den Aufbau überwachen. Wichtig für Arbeitsgerüste ist ein ausreichend tragfähiger Untergrund, der unter Umständen durch Unterlegen von Bohlen hergestellt werden muß, ein fachgerechter Aufbau mit den erforderlichen Schutzvorrichtungen und eine umsichtige Nutzung.

1-2 Die einfachsten Formen der Gerüste sind **Bockgerüste**, die es in allen Größen und Ausführungen gibt: Kleine Bockgerüste eignen sich vor allem für den Innenbereich, größere verstellbare Metallböcke auch für höhere Gerüste, z. B. zum Hochziehen von Mauern.

3 In vielen Fällen sind **Fahrgerüste** die beste Lösung, vor allem bei umfangreicheren Reparaturarbeiten. Die Arbeitshöhe kann 10 m und mehr betragen, die meisten Ausführungen können selbst aufgebaut werden, die Kosten sind vergleichsweise niedrig. Bei Fahrgerüsten sollten Sie insbesondere beachten:

- Sie dürfen nur langsam bewegt werden, beim Fahren darf sich niemand auf dem Gerüst aufhalten, lose Teile müssen vor dem Herunterfallen gesichert werden.
- Das Einsinken der Räder in den Untergrund muß vermieden werden, z. B. durch Unterlegen von Bohlen.
- Bei Sturm oder nach Arbeitsende muß man das Gerüst vor dem Umstürzen sichern.

4 Bei allen größeren Arbeiten eignen sich **Stahlrohrgerüste**, die mit geeigneten Dübeln am Mauerwerk verankert werden. Der Aufbau oder die Überwachung des Aufbaus sollte der Verleihfirma überlassen werden. Zum Teil ermöglichen Leitern das bequeme Wechseln der Gerüstetagen.

5 Gerüste benötigen geeignete **Absturzsicherungen** wie Geländer, außerdem genügend tragfähige Bohlen. Gerüstbohlen sind meist mindestens 4 bis 5 cm dick und ohne Äste. Es sollen immer mehrere Bohlen nebeneinander verlegt werden, so daß eine Standbreite von mindestens 50 cm entsteht. Bohlen müssen so aufliegen, daß sie bei unvorhergesehener Belastung nicht wippen; das seitliche Anlaschen von Brettstückchen kann das seitliche Verrutschen verhindern. Größere Materialmengen haben auf Gerüsten nichts zu suchen, schweres Material wie die Mörtelwanne sollte nicht in Bohlenmitte gelagert werden.

6 Für einfachere Arbeiten können Sie auch **Leitern** einsetzen. Leitern sollten so angelegt werden, daß der Anstellwinkel zwischen 68 und 75 Grad beträgt, der Anstellwinkel kann durch geeignetes Ausstrekken des Oberarms ermittelt werden. Heute gibt es zahlreiche Leitern, die Sie mit einfachen Mitteln in kleine Arbeitsbühnen umbauen können. Zahlreiche Sicherheitsausstattungen verhindern ein Umkippen und Abrutschen der Leitern.

7 Eine Vielzahl von **Geräten** und **Baumaschinen** erleichtert heute die Arbeit am Bau. Der Heimwerker kann sie in einem der inzwischen zahlreichen Firmen für „Baumaschinen- oder Baugeräteverleih" ausleihen. Auch größere Baumärkte bieten einen Verleihservice an. Im folgenden nur die wichtigsten Geräte, die dem Heimwerker die Arbeit sehr erleichtern können: Mörtelmischer (am besten mit 120 bis 150 Litern Inhalt), Mörtelquirl, Schrägaufzüge für den Transport von Baumaterial, Steinsägen, Seilrollen. Für Abbrucharbeiten stehen Meißelhammer, Putzfräse, kleine Meißelbagger und Schuttrohre zur Verfügung. Verkehrszeichen und Absperrzäune, Hublifte, Hochdruckreiniger, Leitern, Mini-Lader, Mauerschlitzfräsen, Schalungstafeln und Stromerzeuger vervollständigen das breite Programm.

Profitip
Lassen Sie sich immer die Bedienungsanleitung der Geräte zeigen und über mögliche Gefahren informieren, denn nur durch ausreichende Informationen lassen sich die meisten Baumaschinen auch sicher bedienen.

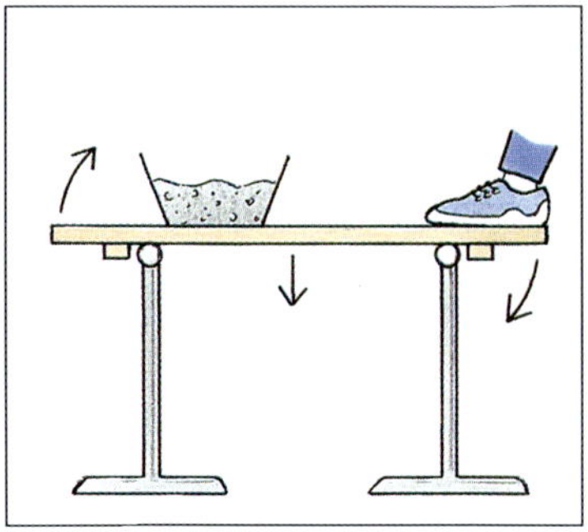
5

6

4

7

Die wichtigsten Werkzeuge

Auf diesen beiden Seiten sind in Kurzbeschreibungen die wichtigsten Werkzeuge zusammengestellt, die sich bei Maurerarbeiten neben der Standardausstattung als nützlich, zeit- und kraftsparend erweisen. Welche Werkzeuge Sie für einzelne Arbeitsgänge und Anleitungen brauchen, ersehen Sie aus den Abbildungen unter der Rubrik »Werkzeuge«, die Sie bei allen Arbeitsanleitungen finden.

Werkzeuge zum Messen

1 

***1* Meterstab:** Zum Messen von kleineren oder größeren Distanzen.

2 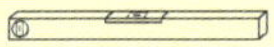

***2* Wasserwaage:** Zum Messen der Senkrechten und Waagrechten.

3 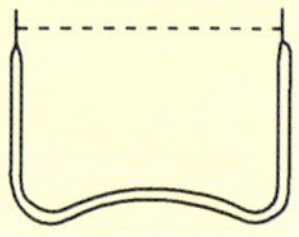

***3* Schlauchwaage:** Zum Messen von unterschiedlichen Höhen bei größeren Entfernungen.

Werkzeuge zum Auftragen von Mörtel

4 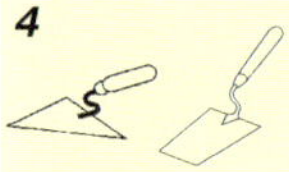

***4* Maurerkelle:** Zum Auftragen von Mauer- oder Putzmörtel, in rechteckiger oder dreieckiger Form und mittlerer Größe.

5 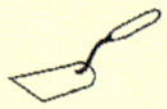

***5* Stukkateurkelle:** Eine kleine Kelle für kleinräumige Arbeiten, z. B. bei Ausbesserungen.

6 

***6* Stukkateureisen:** Zum Ausbessern von kleinen Putzschäden, mit spitzem und geradem Blatt.

7 

***7* Bürste:** Zum gleichmäßigen Vornässen von Mauerwerk.

8 

***8* Fugenkelle** (Fugeneisen): Zum Verfugen von unverputztem Mauerwerk, zum Einpressen von Mörtel in Spalten; in Breiten von 10–50 mm erhältlich.

Werkzeuge zum Anmachen von Mörtel

9 

***9* Schaufel:** Zum Mischen von Mörtel und Beton.

10 

***10* Mörtelquirl:** Als Bohrmaschinenaufsatz zum Anrühren von Mörtel aller Art und Beton.

11 

***11* Kübel:** Eimer aus Kunststoff (10-12 l) in sehr stabiler Ausführung zum Transport von Mörtel, meist in größerer Anzahl sinnvoll.

12 

***12* Mörtelwanne:** Stabile Kunststoffwannen (60-140 l), rechteckig oder rund, zum Anrühren und Verarbeiten von Mörtel, auf Gerüsten besser rechteckig und in kleinerer Ausführung.

13 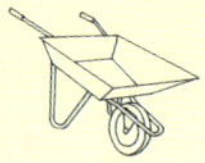

***13* Schubkarre:** Eine stabile Bauschubkarre, die auch das hohe Gewicht von Mörtel und Beton aushält.

Werkzeuge zum Glätten und Verdichten von Oberflächen

14 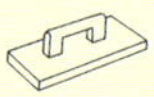

***14* Reibebrett:** Aus Holz oder Kunststoff, zum Verdichten und Ebnen von Putzoberflächen und Estrichen, in verschiedenen Größen.

15 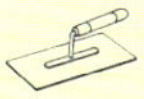

16 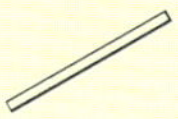

17 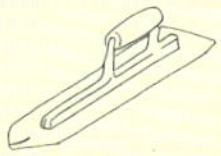

18 

***15* Glättkelle** (Traufel): Zum Glätten von Putz- und Estrichoberflächen und zum Aufziehen von Putzmörteln, aus Stahl oder aus Kunststoff erhältlich.

***16* Abziehlatten** (Richtscheit): Entweder sehr gerade zugeschnittene Holzbretter von etwa 8-10 cm Breite oder entsprechende Alulatten in Längen von 1-5 Metern, zum Abziehen von Putz- oder Betonoberflächen; mit genau parallelen Kanten auch zum Messen der Senkrechten und Waagrechten bei Mauerwerk.

***17* Estrichkelle:** Eine lange, spitz zulaufende Kelle, die vor allem zum sauberen Glätten von größeren Flächen benötigt wird.

***18* Handstampfer:** Zum Verdichten von Beton.

Werkzeuge zum Mauern

19 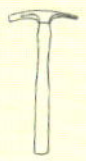

20 

21 

***19* Maurerhammer:** Hammer mit Finne (Schneide) zum Bearbeiten von Mauersteinen, zum Abschlagen von Putz, praktisch ein Universalwerkzeug des Maurers.

***20* Maurerschnur:** Zum Vermauern von Steinen in einer Flucht.

***21* Lot:** Zum exakten Prüfen der Senkrechten beim Aufziehen von Mauern.

Werkzeuge zum Verputzen

22 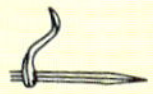

23 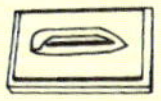

24 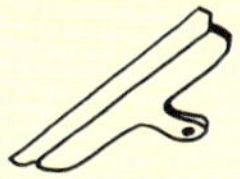

25 

***22* Maurerhaken** (Putzhaken): Zum Befestigen von Holzleisten, die als Putzlehren dienen, je nach Vorhaben eine größere Zahl vorrätig halten.

***23* Schwammbrett** (Filzbrett): Früher mit Filz, heute meist mit feinporigem Kunststoffschwamm beschichtet, zum Glätten von (Fein-)Putzoberflächen.

***24* Fassadenspachtel:** Ein etwa 80 cm langes, spachtelartiges Werkzeug zum großflächigen Ebnen und Glätten von Putzoberflächen.

***25* Kartätsche:** Ein breites, brettartiges Werkzeug, mit dem man Putzmörtel beidhändig aufziehen und verteilen kann. Für den Heimwerker ist das Aufziehen auch mit Glättkelle möglich.

Werkzeuge für Abbrucharbeiten

26 

27 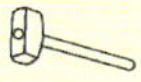

***26* Meißel:** Spitz- und Flachmeißel zum Abbrechen von Mauerwerk und Beton.

***27* Fäustel:** Zum Einschlagen von Pflöcken und für kleinere Abbrucharbeiten mit dem Meißel.

Messen und anreißen

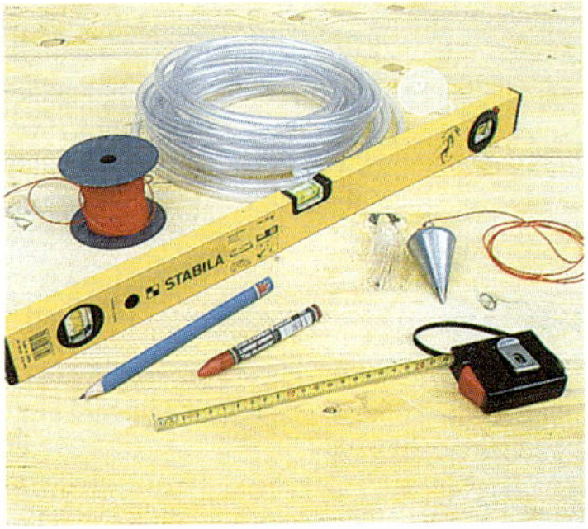

1

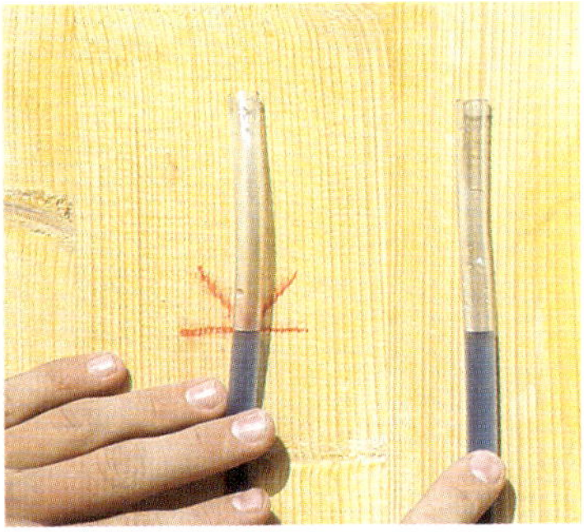

2

Das Messen von Längen und Höhen, das Anlegen von Winkeln, das Prüfen der Waagrechten und Senkrechten gehört zu den grundlegenden Arbeiten am Bau. Nur wer in diesem Bereich professionell arbeitet, sichert sich auch gute Arbeitsergebnisse.

1 Die **Grundwerkzeuge** für alle Messungen sind Meterstab, Bandmaß für größere Längen und eine Wasserwaage. Wer viel am Bau mißt, sollte sich ruhig eine Wasserwaage mit mindestens 80 cm Länge zulegen. Vielfach von Nutzen sind eine Schlauchwaage, ein Lot, eine Maurerschnur und ein gerades Brett mit parallelen Kanten.

2-3 Die **Wasserwaage** dient dazu, die Senkrechte und Waagrechte zu prüfen. Um Mauerwerk oder Schalungen über eine größere Distanz prüfen zu können, setzt man ein etwa 6-8 cm breites, gerades Brett mit genau parallelen Kanten ein. Ein solches Brett nennt man **Richtscheit** oder **Setzlatte**.

Zum Einmessen und Überprüfen von Höhen über größere Entfernungen ist die **Schlauchwaage** ein sehr nützliches Gerät. Sie besteht aus einem meist 10-20 Meter langen Kunststoffschlauch, den man bis etwa 5-10 cm unter dem Rohrende mit Wasser füllt, und der mit einem Stopfen verschlossen ist. Nimmt man die Stopfen ab, zeigen beide Rohrenden den exakt gleich hohen Wasserstand. Der Schlauch darf dazu natürlich keinen Knick haben, Luftblasen müssen sich durch vorheriges Aushängen des Schlauchs aus der Flüssigkeit entfernen.

Profitip
Färben Sie das Wasser in der Schlauchwaage ein, so erkennen Sie den Wasserstand besser und auch eventuell vorhandene Luftblasen.

Zum Messen mit der Schlauchwaage legt man am besten Hilfshöhen von etwa 1 m über dem

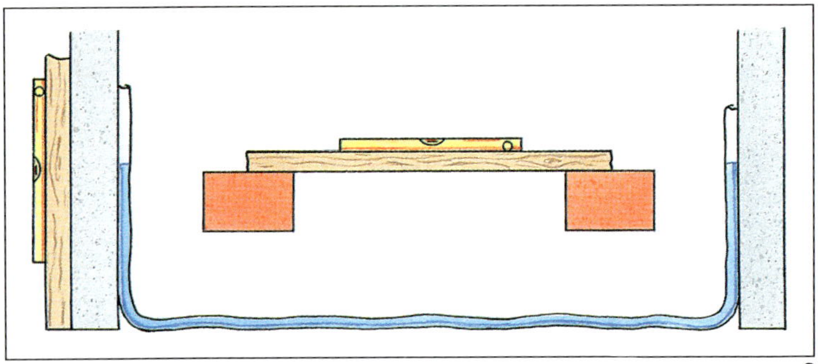

3

Fußboden („Meterriß") an, z. B. an einer Mauer oder an eingeschlagenen Pflöcken. Danach mißt man bis zur gewünschten Höhe – entweder herunter oder hinauf. Auch eine Steigung oder ein Gefälle kann man so markieren, z. B. für geneigte Betonplatten oder Estriche mit Gefälle.

4-5 Die Senkrechte messen Sie mit einer **Wasserwaage**, größere Distanzen mit einem Richtscheit oder mit einem Lot.

6 Spezielle Wasserwaagen ermöglichen auch das Messen von **Neigungswinkeln**, interessant z. B. für die Setzung von Fensterbrettern und die Herstellung von geneigten Fußbodenflächen. Die Neigung (z. B. von Estrichen oder Betonflächen) wird in **Grad** oder **Zentimeter pro Meter** angegeben und läßt sich folgendermaßen umrechnen: Eine Neigung (Gefälle, Steigung) von 1 Grad entspricht etwa 2,2 cm pro Meter.

Die **Maurerschnur** kann zum Abstecken längerer gerader Strecken verwendet werden, z. B. zum Aushub von Fundamenten oder aber als Fluchtschnur zum Errichten von Mauerwerk.

7 Kleinere **rechte Winkel** kann man natürlich mit einem entsprechenden vorgefertigten Winkel oder einer Winkelwasserwaage herstellen. Größere Genauigkeit auch über längere Entfernungen erhält man, wenn man den mathematischen Satz anwendet, daß in einem Dreieck mit den Seitenlängen 3, 4 und 5 Längeneinheiten (z. B. Meter) die beiden kürzeren Schenkel einen rechten Winkel bilden. Gehen Sie dabei am besten so vor: Stecken Sie 4 Längeneinheiten mit einem Pflock ab oder zeichnen Sie dieses Maß an einer Wand an. Messen Sie nun mit einem Bandmaß (oder entsprechend vorbereiteten Schnüren) vom Ende der Markierungen 3 und 5 Einheiten ab. Wenn sich diese Längen schneiden, besteht zwischen den kürzeren Schenkeln ein rechter Winkel (90 Grad).

4

5

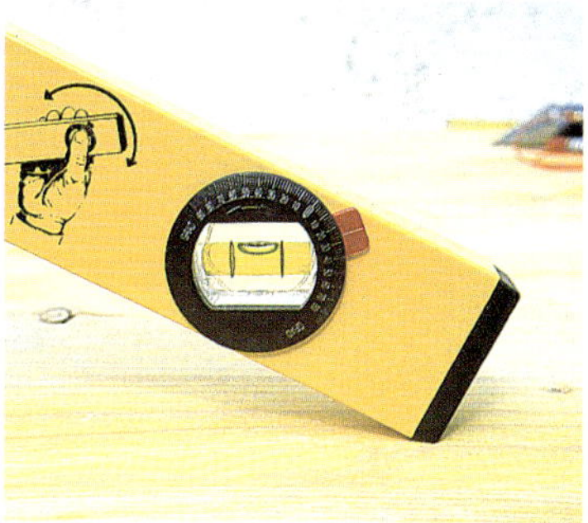

6

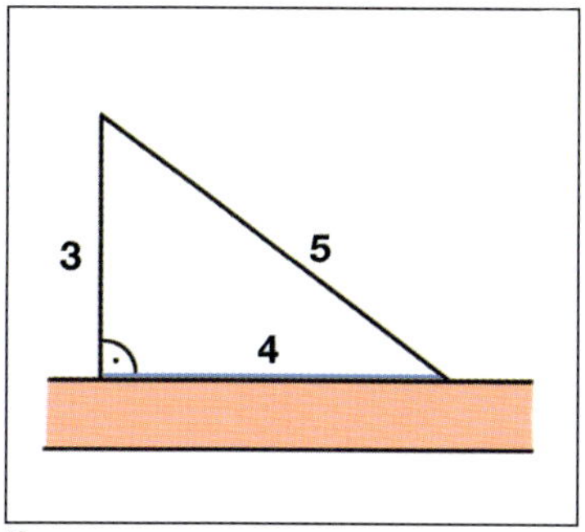

7

Mauersteine bearbeiten

1

2

Mauern werden nicht nur aus ganzen Mauersteinen errichtet. In vielen Fällen benötigt man Teilsteine, vor allem an Mauerenden. Die einzelnen Baustoffe erfordern unterschiedliche Bearbeitungsmethoden.

1 Die althergebrachte Methode der Steintrennung erfolgt mit einem **Maurerhammer**, der eine scharfe Finne (Schneide) besitzen sollte. Diese Methode eignet sich nur für klein- und mittelformatige Steine, vor allem für Ziegel und Kalksandsteine. Die Steine sollten keine größeren Risse aufweisen.
Der erfahrene Maurer trennt den Stein mit einem Schlag, ein besseres Ergebnis erzielen Sie, wenn Sie den Stein ringsherum an der gewünschten Bruchstelle etwas einkerben und dann mit der breiten Spitze des Maurerhammers kräftig zuschlagen. Nicht immer wird gleich das gewünschte Ergebnis zustandekommen. Denn die Methode führt bei vielen großformatigen Steinen zu Bruch; auch Porenbeton können Sie auf diese Weise nicht gut bearbeiten.

2 Ein scharfer **Flachmeißel** leistet mindestens gleich gute Dienste. Auch hier können Sie den Stein an der Sollbruchstelle rundherum etwas einkerben.

3-5 Für bestimmte porige Baustoffe wie Porenbeton und Porenziegel eignen sich fuchsschwanzähnliche **(Hand-)Steinsägen,** die ein widiabestücktes Spezialsägeblatt besitzen. Diese Sägen werden zum Teil von Herstellerfirmen (Porenbeton), zum Teil von Werkzeugfirmen angeboten. Solche Sägen gibt es auch als Motorsägen. Für gerade, paßgenaue Schnitte stehen Anschlagwinkel zur Verfügung. Porenbeton läßt sich so leicht bearbeiten, daß er auch mit einer herkömmlichen Säge bearbeitet werden kann, wenn man ein altes Sägeblatt benutzt und nur wenige Schnitte benötigt.

6 Will man einen sauberen Schnitt oder eine saubere Kante, z. B. bei

3

4

Sichtmauerwerk, kann man eine **Handtrennschleifmaschine** verwenden. Mit größeren Geräten können Sie auch großformatige Mauersteine rundum einkerben und schließlich mit dem Breitmeißel trennen.

Sicherheitstip

Vergewissern Sie sich über den ordnungsgemäßen Zustand der Maschine und die Verwendung einer geeigneten Steinscheibe, und stellen Sie die Schutzhaube so fest, daß sie zum Körper hin schützt. Spannen Sie das Werkstück fest, z. B. mit einer Zwinge, führen Sie die Maschine beidhändig, damit sie nicht verkantet und tragen Sie eine geeignete Schutzbrille und eine Staubmaske.

7 Eine elektrisch betriebene Steinsäge – auch beim Baugeräteverleih zu mieten – benötigen Sie für vergleichsweise harte Steinarten, z. B. Natursteine oder Leichtbetonsteine. Aber auch andere Steinsorten können mit ihr bearbeitet werden.

Bestimmte Steinarten wie Leichtbetonsteine besitzen eine fabrikmäßig vorgesehene **Sollbruchstelle**, an der Sie den Stein mit einem Breitmeißel sehr gut trennen können.

8 In vielen Fällen ist es einfacher, durch richtige Planung die **Bearbeitung** von Steinen ganz zu **vermeiden**. Häufig können Sie die Mauerlänge so festlegen, daß Sie mit den angebotenen Formaten auskommen. Es gibt eine Vielzahl von kleineren Formaten, zum Teil auch extra hergestellte Ergänzungssteine, mit denen Sie bestimmte Lücken exakt ausmauern können.

Werden herkömmliche Stoßfugen gemörtelt, können Sie auch über eine **Vergrößerung der Stoßfugen** auf maximal bis zu 2 cm – zumindest bei nichttragenden Mauern – einen Ausgleich erzielen.

6

7

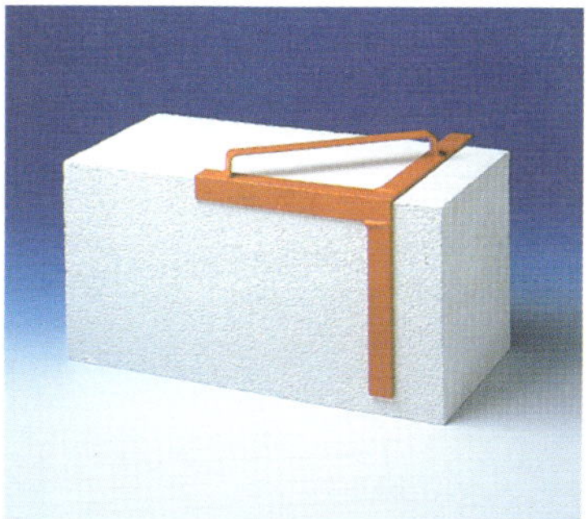
5

8

Mörtel und Beton anmischen

1

2

3

Mörtel und Beton können Sie mit verschiedenen Methoden anmischen: Kleinere Mengen von Hand oder mit dem Rührquirl, größere Mengen am besten mit der Mischmaschine.

1 **Selbst gemischter Mörtel** oder **Beton** wird an der Baustelle aus Bindemitteln, Sand bzw. Kies und Wasser angemischt. Lagern Sie Bindemittel trocken und verwenden Sie bei größerem Wasserbedarf ein Wasserfaß. Tragen Sie zum Schutz vor Mörtelspritzern gegebenenfalls eine Schutzbrille.

2-3 Kleinere Mengen kann **man mit der Hand** oder mit dem **Rührquirl** in einem Kübel oder in der Mörtelwanne anmischen. Die **Grundregel** dabei lautet: Der Mörtelsand bzw. Kies und die Bindemittel werden in den Behälter gegeben und in trockenem Zustand gut durchgemischt, dann erst wird Wasser zugegeben und fertiggemischt.

4-5 Für größere Mengen empfiehlt sich eine **Mischmaschine**. Ein normaler Stromanschluß ist bei kleineren Maschinen ausreichend. Beachten Sie unbedingt folgende **Grundregeln**:

- Achten Sie auf geeignete Kabel: Strom birgt Gefahren.
- Beginnen Sie zuerst mit kleinen Mischungen und ermitteln Sie den Wasserbedarf. Ist erst einmal zuviel Wasser in der Trommel, kann die richtige Konsistenz nur noch schwer erreicht werden.
- Schalten Sie die Maschine ein und geben Sie zuerst Wasser in die Trommel, etwas weniger, als Sie voraussichtlich benötigen.
- Geben Sie nun das oder die Bindemittel dazu. Es bildet sich ein Bindemittelleim.
- Geben Sie nun die erforderliche Menge Mörtelsand bzw. Kies in die Maschine. Achten Sie darauf, daß die Raumteile gleich groß sind.
- Lassen Sie die Maschine alle Bestandteile gut durchmengen, meist 2–3 Minuten. Wenn Sie merken, daß die Mischung zu trocken ist, geben Sie noch etwas Wasser zu. Doch Vorsicht: Der Unterschied zwischen einem flüssigen und einem plastischen Mörtel bzw. Beton ist nur gering.
- Ist der Mörtel bzw. Beton zu flüssig, so geben Sie noch etwas Bindemittel und Zuschlagstoffe im richtigen Mischungsverhältnis zu.

Estrichmörtel ist ein sehr trockener Zementmörtel. Eine gute

Durchmischung von Hand ist schwierig, besser verwendet man einen Quirl oder die Mischmaschine. Hier muß man für eine lange Durchmischung sorgen (ca. 3–4 Minuten): Die Trommel sollte auf der waagrechten Stufe stehen, weil der Inhalt so besser durchmischt wird.

Fertigmörtel sind trocken vorgemischte Mörtel, denen nur noch die auf dem Sack vorgeschriebene Wassermenge zugegeben werden muß. Die Mischung erfolgt so, daß der Trockenmörtel vorsichtig in das vorher abgemessene Wasser eingeschüttet und anschließend gut mit der Hand, dem Quirl oder in der Maschine durchgemischt wird.

6-7 Der angemischte Mörtel wird von der Maschine in die Schubkarre gekippt und weitertransportiert oder in Eimer abgefüllt. Geben Sie gleich anschließend wieder Wasser in die Trommel, damit Mörtel- oder Betonreste nicht eintrocknen.
In höhere Stockwerke gelangen Mörtel oder Beton mit einer Aufzugsrolle (Flaschenzug). Achten Sie auf robuste Eimer, verwenden Sie nur Sicherheitshaken, halten Sie sich nicht unter Lasten auf, und benutzen Sie einen Helm.
Eine spätere Korrektur der Mörtelkonsistenz ist möglich: Geben Sie entweder mit einer alten Bürste einige Spritzer Wasser oder eine kleine Menge Bindemittel und Sand vollflächig über den Mörtel, und rühren Sie mit der Kelle gut durch.

Dünnbettmörtel sind fliesenkleberähnliche Massen. Der trockene Mörtel wird in die genau abgemessene Wassermenge (Wanne oder Eimer) gestreut und mit dem Quirl durchgerührt. Andere Mischmethoden eignen sich hier nicht.

Profitip
Benetzen Sie alle Werkzeuge oder Geräte vor dem ersten Kontakt mit Mörtel oder Beton mit reichlich Wasser, da sich diese dann leichter wieder reinigen lassen.

5

6

4

7

Maurerkellen richtig einsetzen

1

2

3

Kellen sind die grundlegenden Werkzeuge für alle Maurerarbeiten. Die richtige Auswahl erleichtert die Arbeit und führt zu besseren Arbeitsergebnissen.

1 Die Abbildung zeigt folgende Kellen (in Klammern die jeweils empfehlenswerte Größe, bezogen auf die Seitenlänge): **Glättkelle** (oben, 280 mm), dann von links nach rechts: **Stukkateurkelle** (80 mm), **Maurerkelle** (Viereckskelle, 160 mm), **Spachtel** (50 mm), **Fugenkelle** (10 mm Fugenbreite). Jeder, der öfter Maurerarbeiten ausführen will, sollte ein solches Kellensortiment besitzen.

2 Die bekannteste Maurerkelle ist die **Viereckskelle**, deren Kellenbreite sich nach vorne verringern sollte. Maurerkellen dienen zum Auftragen und Anwerfen von Mörtel, finden Verwendung bei Beton- und Estricharbeiten und nicht zuletzt bei der Reinigung von Werkzeug und Baumaterial. Dem gleichen Einsatzbereich dient die **Dreieckskelle**. Ob Sie damit besser arbeiten können, müssen Sie selbst herausfinden (Schenkellänge bis 200 mm). Die deutlich kleinere **Stukkateurkelle** eignet sich für Ausbesserungsarbeiten.

4

3 Mit der **Glättkelle** lassen sich Putzschichten aufziehen und ausgleichen sowie Estrichflächen glätten. Man kann sie als „Mörtelbrett“ verwenden und kleinere Mörtelmengen darauf vorrätig halten, z. B. bei Verfugungsarbeiten.

Fugenkellen – meist in Breiten von 10-50 mm erhältlich – dienen zum Verfugen von Sichtmauerwerk, aber auch zum Verpressen von mittleren und größeren Schlitzen und Spalten mit Mörtel.

4 Mit dem **Stukkateureisen**, einer sehr kleinen Kelle mit einem geraden und einem spitzen Blatt, lassen sich vor allem kleine Ausbesserungsarbeiten gut durchführen, z. B. kleine Löcher und Schlitze mit Mörtel verpressen.

Alten Putz abschlagen

Alter Putz muß überall dort entfernt werden, wo er nicht mehr am Untergrund haftet. Diese Stellen erkennen Sie durch Abklopfen mit dem Hammer; sie klingen hohl. Auch bei der Sanierung feuchter und salzbelasteter Mauern empfiehlt sich die Entfernung des Putzes an den betroffenen Stellen.

Je zahlreicher die Putzschäden innerhalb einer Putzfläche sind, desto eher wird man sich dazu entschließen, die ganze Fläche neu zu verputzen. Insbesondere bei stark strukturierten Außenputzen können Ausbesserungen optisch stören, da man die alte Putzstruktur nicht immer genau nachahmen kann.

Ist nur der Oberputz locker, reicht es meist aus, diese Putzschicht zu entfernen. Vor der Ausbesserung sollte man den Untergrund aufrauhen, z. B. mit grobem Schleifpapier, und den Untergrund mit verdünntem Putz und einer Bürste gut einschlämmen, um die Haftung zu verbessern.

1 Ist nur die Putzoberfläche bröselig, der Putz insgesamt aber noch stabil, können Sie Putzhärter einsetzen, ein flüssiges Mittel, das satt aufgestrichen wird und den Putz soweit verfestigt, daß Sie ihn mit Farbe beschichten können.

2-3 Schadhafter Putz sollte am besten bis zum Mauerwerk entfernt werden. Einen noch gut haftenden Spritzbewurf wird man jedoch belassen. Mit dem Maurerhammer können Sie kleinere Flächen bearbeiten. Auch ein Flachmeißel leistet dabei gute Dienste. Bei größeren Flächen empfiehlt sich ein Meißelhammer mit Flachmeißelaufsatz oder eine Putzfräse. Bei Stemmarbeiten eine Schutzbrille tragen!

4 Das Mauerwerk wird nach dem Entfernen des Putzes gründlich mit einem Besen abgekehrt, um einen ausreichend haftfähigen Putzgrund zu schaffen. Bei noch anhaftenden Mörtelresten empfiehlt sich ein möglichst rauher Straßenbesen.

1

2

3

4

Mauerteile und Beton abbrechen

1

2

3

Bei zahlreichen Um- und Ausbauten wird die Bausubstanz verändert. Altes Mauerwerk oder Betonbauteile müssen abgerissen werden. Mauerwerk bricht man immer von **oben nach unten** ab, um das Einstürzen von Mauerteilen und Verletzungen zu vermeiden. Vorher müssen Sie sich natürlich versichern, daß der Abbruch keine statischen Probleme verursacht.

1 Für kleinere Arbeiten verwendet man Fäustel und Meißel. Die beste Sprengwirkung bei Beton entfaltet ein Spitzmeißel, für Stemmarbeiten an Mauerwerk empfiehlt sich ein Flachmeißel.

2 Größere Mauerstücke wird man mit einem schweren Vorschlaghammer bearbeiten. Ein elektrisch betriebener **Meißelhammer** erleichtert die Arbeit. Bei altem, brüchigem Mauerwerk sollten Sie jedoch beachten, daß die Erschütterungen am Restmauerwerk Schäden verursachen können. Bei Abbrüchen von größeren Betonflächen verwenden Sie am besten einen **Preßlufthammer**, der von einem Kompressor angetrieben wird.

Der Meißelbagger – auch in kleinen Ausführungen für Selbstfahrer bei Baugeräteverleihern zu bekommen – macht anstrengende Handarbeit überflüssig, insbesondere bei Betonabbrüchen.

3 Der entstehende Bauschutt muß entsprechend den lokalen Bestimmungen auf Bauschuttdeponien gebracht werden. Bei größeren Mengen mieten Sie sich am besten einen Container. Aus höherliegenden Stockwerken können Sie den Bauschutt arbeitssparend über sogenannte Schutt-Rohre – auch sie kann man leihen – direkt in Container kippen.

Beachten Sie bei allen Abbrucharbeiten folgende **Sicherheitsmaßnahmen**:

- Verwenden Sie nur Meißel mit einer Schutzmanschette.
- Tragen Sie bei Meißelarbeiten, vor allem bei Abbrucharbeiten an Beton und hartem Steinmaterial, eine Schutzbrille, da hier scharfkantige Splitter zu Augenverletzungen führen können.
- Tragen Sie gegebenenfalls einen Helm und Schuhe mit Stahlkappen, um Verletzungen durch herabfallende Teile zu vermeiden.
- Tragen Sie bei der Verwendung von lautstarken Geräten einen geeigneten Ohrenschutz.

Stürze einbauen

Stürze überbrücken Maueröffnungen, z. B. Fenster- und Türöffnungen oder Mauernischen. Auch Rolladenkästen und Mauerbögen können diese Aufgaben übernehmen.

1-2 **Stürze** nehmen den von oben wirkenden Mauerwerksdruck auf und leiten ihn an die seitlichen Mauern weiter. Es gibt nichttragende Stürze, z. B. für einfache Trennwände, und tragende Stürze mit unterschiedlicher Belastbarkeit. Die Tragfähigkeit wird meist durch Stahlstäbe verstärkt. Stürze liegen seitlich auf dem Mauerwerk auf. Die Auflagertiefe beträgt je nach Material, Ausführung und Länge meist zwischen 15 und 25 cm auf jeder Seite, sie ist im Produktdatenblatt angegeben. Tragende Stürze verlegt man am besten in Zementmörtel. Es gibt gedämmte und ungedämmte Stürze, Flachstürze mit nur wenigen Zentimetern Höhe, auf denen meist mit Mauersteinen höherer Druckfestigkeit weitergemauert werden muß, und Stürze, die so hoch sind wie großformatige Mauersteine. Stürze ermöglichen meist eine Überbrückung bis zu 3 m, für breitere Maueröffnungen benötigt man Stahlschienen. Stürze wählt man am besten ähnlich dem Material des verwendeten Mauerwerks. Auch **Rolladenkästen** können Maueröffnungen überbrücken. Es gibt wie bei Stürzen tragende und nichttragende, gedämmte und ungedämmte Produkte.

3-4 Auch **Mauerbögen** können Maueröffnungen überbrücken. Mauerbögen greifen ins seitliche Mauerwerk ein und entstehen aus kleinformatigen Mauersteinen und Kalkzementmörtel. Zum Aufmauern erfordern sie eine bogenförmige Lehre und ausreichende Abstützung. Die untere Mörtelfuge sollte dabei mindestens 0,5 cm, die obere höchstens 2 cm dick sein. Das Mauern von Bögen erfordert Erfahrung. Der Heimwerker verwendet am besten Fertigbögen, z. B. aus Poren- oder Leichtbeton, die er auf Zementmörtel versetzt.

2

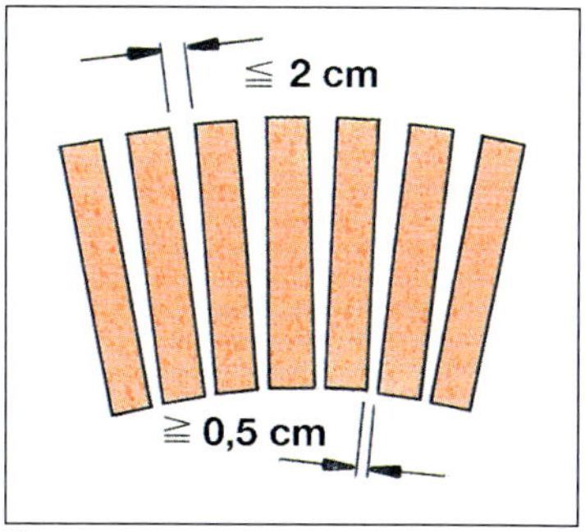

3

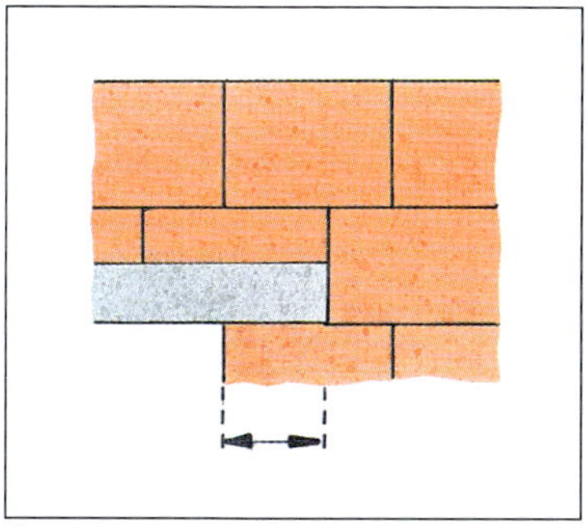

1

4

Mauerdurchbruch herstellen

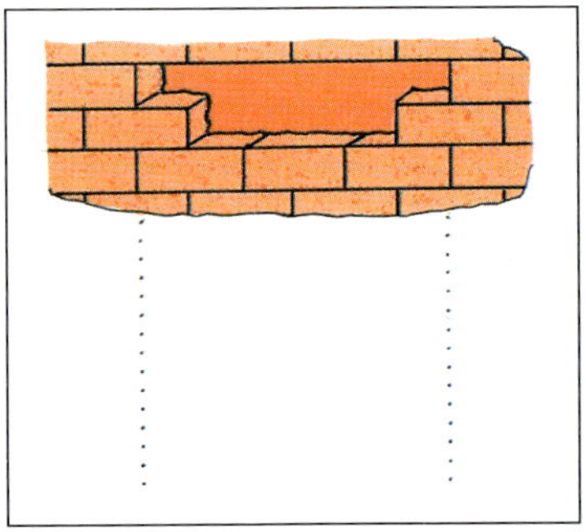

1

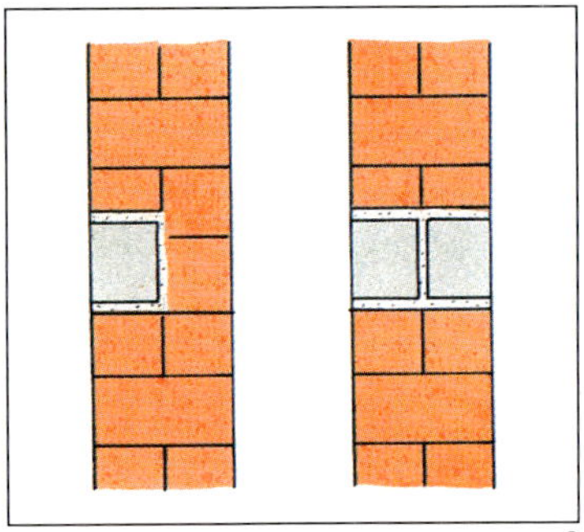

2

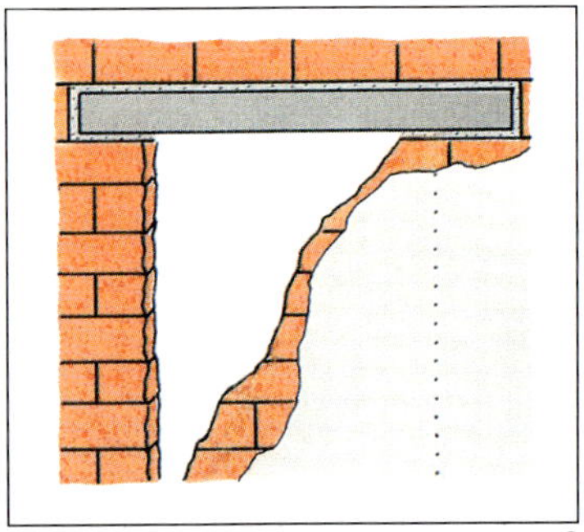

3

Mauerdurchbrüche sollen meist Öffnungen für Fenster oder Türen schaffen, auch für Durchreichen oder Nischen sind Mauerdurch- oder -ausbrüche nötig. In der Regel keine Probleme bereiten Durchbrüche bei **nichttragenden Mauern**, doch sieht man der Mauer ihre Funktion meist nicht an.
Bei **tragenden Mauern** ist in der Regel zuerst eine statische Beurteilung erforderlich. Gegebenenfalls sind, vor allem bei Holzbalkendekken, Abstützungsmaßnahmen nötig. Schmale Durchbrüche bis zu 50 cm Breite, z. B. für Durchreichen oder Nischen, sind meist unproblematisch. Größere Öffnungen über 1,50 m Breite sollten Sie auf jeden Fall einem Fachmann überlassen. Zum Teil müssen sie mit Stahlschienen überbrückt werden.

1 Zeichnen Sie die geplante Maueröffnung an, entfernen Sie zunächst den Putz an den Stellen, wo Sie den Sturz einsetzen wollen. Brechen Sie nun das Mauerwerk in seiner halben Dicke aus – am besten mit dem Meißel, da Meißelhämmer zur Lockerung der darüberliegenden Steine führen können.

2-3 Setzen Sie den Sturz mit ausreichender Auflage, z. B. 15 cm auf jeder Seite, satt in Kalkzementmörtel, bei tragenden Mauern in Zementmörtel. Verpressen Sie anschließend den Zwischenraum zwischen Sturz und Mauerwerk mit Kalkzementmörtel oder mauern Sie den Zwischenraum aus. Brechen Sie nun die andere Mauerhälfte aus, und setzen Sie dort den Sturz ein – bei tragendem Mauerwerk aber erst dann, wenn der Mörtel schon erhärtet ist.

In manchen Fällen empfiehlt es sich, die Mauer bis zur Decke abzubrechen und anschließend wieder hochzumauern, z. B. wenn die Gefahr besteht, daß Steine herunterbrechen.
Bei sehr dünnen Mauern unter 17,5 cm Dicke muß man die gesamte Mauerstärke auf einmal durchbrechen, das darüberliegende Mauerwerk muß gegebenenfalls quer zum Mauerwerk mit geeigneten Trägern abgestützt werden.

Sicherheitstip
Brechen Sie die Maueröffnung unter dem Sturz nur von oben nach unten aus. Sie vermeiden so die Gefahr, daß Mauersteine oder ganze Teile herunterbrechen. Tragen Sie zu allen Stemmarbeiten einen Helm.

Decken aus Elementen herstellen

Bei Neubauten, Umbauten oder Sanierungen stellt sich oft die Frage, auf welche Weise Decken hergestellt werden sollen. Stahlbetondecken, also Decken, die an Ort und Stelle geschalt, mit Baustahl bewehrt und gegossen werden, erfordern umfangreiche Kenntnisse und sind deshalb Sache des Fachmanns. Es gibt jedoch eine Reihe von Deckenkonstruktionen, die auch ein Heimwerker ausführen kann. Genauere Anleitungen der Hersteller sind dazu nötig.

1 Eine einfache Lösung sind **Fertigteildecken**, die meist nach dem jeweiligen Bauplan maßgerecht angefertigt werden und als großformatige Bauteile mit dem Kran oder dem Fahrzeugkran an Ort und Stelle verlegt werden. Am besten greifen Sie auch auf das Material zurück, aus dem das Mauerwerk besteht. Solche Decken gibt es z. B. auf der Basis von Porenbeton, Ziegel, Leichtbeton oder Beton, die Fugen werden vergossen. Zum Teil gibt es diese Elemente auch mit fertig verputzten Unterflächen.

2 Noch größere Eigenleistung ermöglichen sogenannte **Einhängelemente**, z. B. aus Ziegel oder Leichtbeton, die in spezielle Stahlträger eingehängt werden. Auch hier werden die Fugen vergossen. Diese Decken eignen sich vor allem auch dort, wo man schwere, großformatige Bauelemente nicht einsetzen kann, z. B. bei Altbausanierungen.

In vielen Fällen muß ein **Ringanker** vorgesehen werden, eine mit Formsteinen hergestellte Schalung, die mit Baustahl bewehrt und mit Beton vergossen wird – eine Arbeit, die ein versierter Heimwerker durchaus bewältigen kann.

Auch **Holzbalkendecken** kann der Heimwerker selbst bauen. Neben dem herkömmlichen Aufbau, z. B. mit Schalung und Füllung, gibt es spezielle Decken mit Einhängeziegeln, auf denen man ohne weiteres auch Estriche verlegen kann.

3 Für **Altbausanierungen** eignet sich das Einziehen von Stahlschienen (I-Schienen), in die Spezialplatten, z. B. Hohlplatten aus Ziegeln oder anderen Baustoffen, eingelegt werden. Anschließend erfolgt ein Verguß mit Beton. Solche Konstruktionen eignen sich vor allem dort, wo ein schwingungsfreier Untergrund erwünscht ist.

1

2

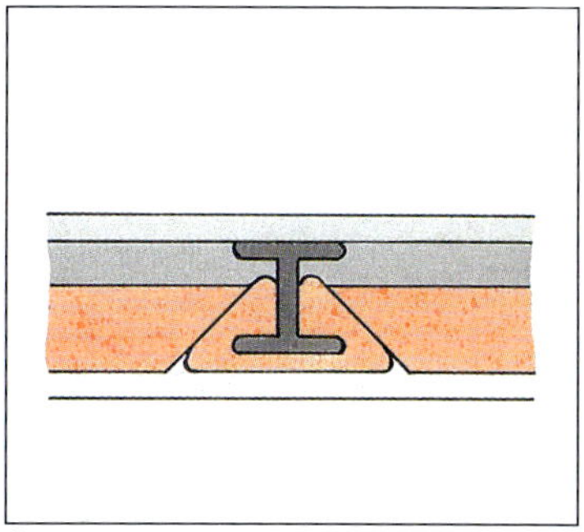

3

Sanierputze einsetzen

1

2

3

Sanierputze sind spezielle poröse Fertigputze, die das Austrocknen von Mauerwerk begünstigen und auskristallisierende Mauersalze aufnehmen können.

1 Sanierputze eignen sich zur Sanierung von **leicht feuchtem Mauerwerk**, wie es in vielen älteren Gebäuden im Erd- und Sockelbereich vorkommt. Die Luftporen ermöglichen die Austrocknung, die Putzoberfläche bleibt trocken. Überall dort, wo das Mauerwerk stärker durchfeuchtet bzw. von drückendem Wasser bedroht ist, muß man jedoch die Ursachen für die Durchfeuchtung beseitigen, z. B. eine horizontale oder vertikale Feuchtigkeitsisolierung anbringen.

2 Die Poren von Sanierputzen können auskristallisierende **Mauersalze** aufnehmen, so daß der Putz ohne Schaden bleibt. Der alte Putz muß restlos entfernt werden, in diesem Fall mindestens 50 cm über die sichtbar befallenen Stellen hinaus. Der Fugenmörtel wird mindestens 1 cm tief ausgekratzt. So kann man etwa 90% der Mauersalze entfernen. Voraussetzung für eine erfolgreiche Sanierung ist allerdings, daß keine sehr hohen Salzkonzentrationen vorliegen, was man mit Sicherheit jedoch nur durch eine entsprechende Analyse feststellen kann.

3 Sanierputze sollen in Dicken von mindestens 20 mm aufgetragen werden, möglichst auf einem halbdeckenden Sanier-Spritzbewurf. Nur sorgfältige Mischung ermöglicht die Bildung der notwendigen Luftporen. Die Verarbeitung erfolgt nach den Angaben des Herstellers. Genaue Informationen über das Produkt, z. B. die Produktdatenblätter, sind von Vorteil. Die Eignung des verwendeten Putzes als Sanierputz muß durch entsprechende Prüfzeugnisse nachgewiesen sein. Gerade in diesem Bereich sollte man Billigprodukte meiden und auf Qualitätsprodukte namhafter Hersteller zurückgreifen, da sonst die Gefahr besteht, daß das Ergebnis unbefriedigend ist.
Sanierputzflächen darf man nicht mit dampfsperrenden Materialien beschichten, welche die Austrocknung behindern. Ungeeignet sind also Farbanstriche mit hohem Kunststoffanteil und kunststoffbeschichtete Tapeten. Da die Feuchtigkeitsisolierung ein schwieriges Problem ist, sollten Sie in allen Zweifelsfällen unbedingt eine Fachberatung in Anspruch nehmen.

Werkzeuge reinigen und pflegen

Mörtel und Beton entwickeln zum Teil eine hohe Haftkraft auf Werkzeugen und Geräten. Nur eine fachgerechte Reinigung und Pflege garantiert langfristige Nutzung.

1 Alle **Handwerkzeuge** wie Kellen, Schaufeln und Reibebretter müssen nach der Arbeit – auch bei längeren Arbeitspausen – zuerst mechanisch mit der Spachtel von Mörtelbelägen befreit und dann mit Wasser und Bürste gereinigt werden. Korrosionsgefährdete Werkzeuge sollten Sie bei längerem Nichtgebrauch mit einem Lappen dünn einölen.

2 Besonders sorgfältige Reinigung erfordern Filz- und **Schwammbretter**: Sie werden in Wasser getaucht. Anschließend drückt man mit der Hand sorgfältig alle Mörtelreste heraus und spült sorgfältig nach.

3 Auch die Reinigung der **Mischmaschine** erfordert besondere Sorgfalt. Sie sollten gleich nach jeder Entleerung wieder Wasser in die Maschine geben und sie eine Zeitlang laufenlassen, damit sich Ablagerungen gar nicht erst festfressen. Bei mehrstündigem Nichtgebrauch empfiehlt sich eine Zwischenreinigung, vor allem bei der Verwendung von Zement. Haben sich bereits Beläge an den Trommelwänden angelagert, geben Sie je nach Haftung Sand, grobe oder scharfkantige Steine und Wasser in die Trommel und lassen die Maschine eine Zeitlang laufen. Kleben bereits größere Mengen an der Trommelwand fest, so nützt meist nur noch ein Schlag mit dem (Gummi-)Hammer auf die äußere Trommelwand; doch Vorsicht: Die sich lösende Masse kann kräftige Spritzer verursachen.
Überall dort, wo nun immer noch Mörtelreste an der Maschine haften, erfolgt eine mechanische Reinigung, z. B. mit Spachtel, Kelle und Wasser, sowohl innen als auch außen. Zum Schluß wird mit reichlich klarem Wasser ab- und ausgespült.
Das bindemittelhaltige Reinigungswasser geben Sie in eine mit etwas Kies oder Sand angefüllte Vertiefung oder auf den zu entsorgenden Bauschutt.

Sicherheitstip
Greifen Sie zur Reinigung nie in die laufende Trommel, sondern schalten Sie die Maschine immer vorher aus.

1

2

3

Mauern mit und ohne Mörtel

Mauerwerk muß eine genügende Stabilität besitzen. Deshalb müssen die Mauersteine in der Regel mit Mörtel verbunden werden. Inzwischen gibt es auch Mauersteine, die man weitgehend ohne Mörtel vermauern kann. Grundsätzlich unterscheidet man bei Mauerwerk die waagrecht verlaufenden Lagerfugen und die senkrecht verlaufenden Stoßfugen.

Mauern mit herkömmlichem Mörtel

1 Beim herkömmlichen Mauerverfahren verbindet normaler Mörtel die Mauersteine. Die Mörtelschicht gleicht kleinere Maßdifferenzen der

Material

Mauersteine, Mörtel.

Werkzeug

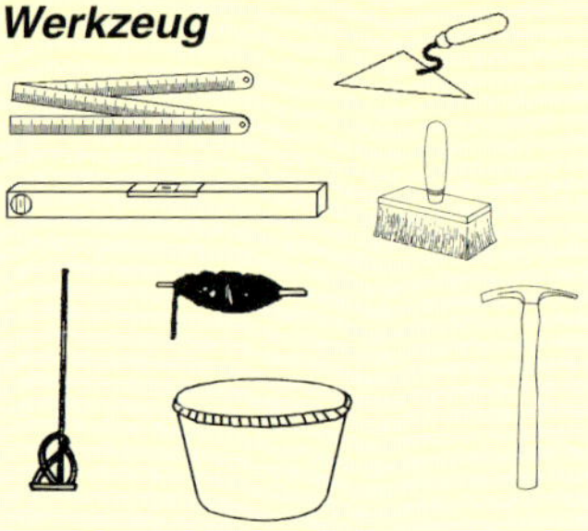

Schwierigkeitsgrad

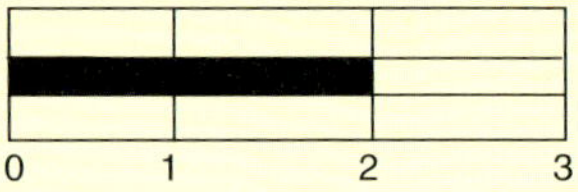

Kraftaufwand

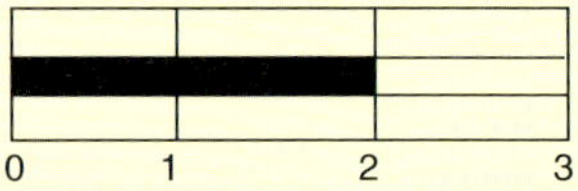

Arbeitszeit

Für 1 m^3 Mauerwerk aus großformatigen Steinen benötigen Sie bei herkömmlicher Vermörtelung etwa 4 Stunden, bei Verwendung von Dünnbettmörtel weniger.

Ersparnis

Für 1 m^3 Mauerwerk sparen Sie ca. 200 DM.

Mauersteine aus; es entsteht eine gleichmäßige Druckübertragung auf den Untergrund. Die Grundregel für die Dicke der **Mörtelfugen** lautet: Die Lagerfuge soll etwa 1,2 cm, die Stoßfuge etwa 1 cm dick sein. Bestimmte Steine können auch ohne Stoßfuge vermauert werden. Die Mörtelgruppe richtet sich nach dem Einsatzgebiet und der zu erwartenden Belastung (siehe Seite 25). Bei beheizten Gebäuden empfiehlt sich Dämmörtel.

Das Vermauern mit herkömmlichem Mörtel erfolgt bei allen Grundmaterialien mit normalen Mauersteinen, die keine besonderen Anforderungen hinsichtlich ihrer Maßgenauigkeit erfüllen müssen. Als Grundregel gilt: Der Mauerstein wird in ein Mörtelbett gelegt, er soll zum Zeitpunkt der Verlegung noch »im Mörtelbett schwimmen«. Der Mörtel darf daher noch nicht zu trocken sein. Stark saugende Mauersteine wie Ziegel, Kalksandstein oder Porenbeton werden ausreichend vorgenäßt, damit sie dem Mörtel nicht vorschnell Anmachwasser entziehen. Bei trockenem und heißem Wetter ist sattes Vornässen erforderlich – immer nur für einige Steinbreiten. Die Steinoberfläche soll sich beim Mörtelauftrag auf jeden Fall noch feucht anfühlen.

Die Konsistenz des Mörtels muß den zu vermauernden Steinen in gewissem Umfang angepaßt werden: Er darf nicht so flüssig sein, daß er bei durchgehender Lochung in die Löcher absackt oder bei schweren Mauersteinen aus den Fugen herausgedrückt wird. Geben Sie also dem Mörtel gegebenenfalls Trockenzuschläge oder Wasser zu, und mischen Sie mit der Kelle kräftig um. Rühren Sie den Mörtel in der Wanne regelmäßig mit der Kelle durch, wenn er sich zu entmischen droht.

2 Nässen Sie unbedingt vor der Verlegung eines Mauersteins die darunterliegende Steinreihe und den zu verlegenden Stein vor. Verwenden Sie dazu eine alte Malerbürste, ein Drücksprühgerät oder einen Wasserschlauch.

3 Tragen Sie den Mörtel mit einer Kelle gleichmäßig mit einer ausreichenden Überhöhung von bis zu 1 cm auf, so daß nach dem Setzen und Festklopfen eine Mörtelfuge von etwa 1,2 cm entsteht. Tragen Sie am Anfang nur für wenige Mauersteine Mörtel auf, bis Sie mehr Übung besitzen und schneller sind.

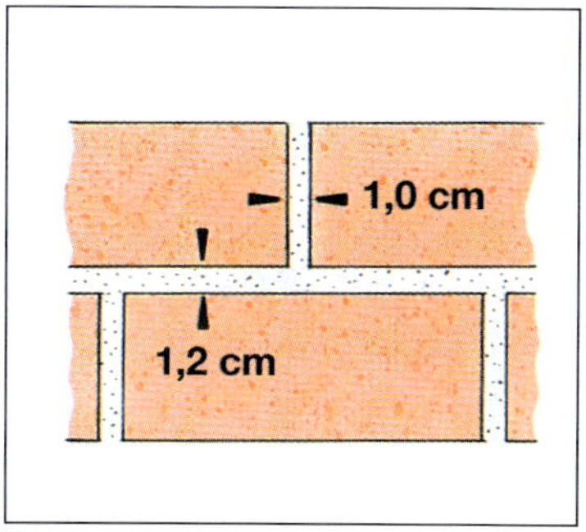

1

2

3

4

5

6

7

8

9

4 Legen Sie den Stein ins Mörtelbett, und richten Sie ihn aus. Drücken Sie kleinformatige Steine mit Hand und Kellenstiel in die richtige Lage. Verwenden Sie bei größeren Formaten den Maurer- oder Gummihammer. Nehmen Sie herausquellenden Mörtel sofort mit der Kelle ab, und geben Sie ihn in die Mörtelwanne zurück.

5 Sie können die Stoßfuge so vermörteln, daß Sie die Fuge jeweils nach dem Verlegen einiger Steine mit der Kelle »ausstochern«. Diese Methode ist bei Längsfugen und größeren Steinformaten die einzige praktikable Möglichkeit.

6 Bei Kleinformaten können Sie auf den Kopf des Steins auch einen Mörtelklecks geben und ihn dann ins Mörtelbett drücken.

7 Großformatige Steine werden heute meist mit Mörteltasche hergestellt. In diesem Fall werden die Steine dicht aneinandergestoßen, der Fachmann sagt »knirsch verlegt«. Die ein- oder beidseitigen Mörteltaschen werden mit etwas flüssigerem Mörtel vergossen. Eine herkömmliche Stoßfugenvermörtelung ist bei diesen Steinen nur in Ausnahmefällen sinnvoll.

8 Bei profilierten Spezialmauersteinen können Sie auf eine senkrechte Mörtelfuge ganz verzichten. Ein solches Mauern ist sehr arbeits- und mörtelsparend.

Mauersteine werden in der Regel so vermauert, daß die Löcher bzw. Lochungen senkrecht verlaufen. Bei nicht durchgehenden Lochungen wie bei Hohlblocksteinen aus Kalksandstein, Leichtbeton oder Beton zeigen die **Kammern** immer nach unten.

9 Wer größere Mengen von Steinen verarbeitet, kann sich einen Mörtelschlitten ausleihen, mit dem sich die Mörtelfuge schnell und gleichmäßig auftragen läßt.

Mauern mit Dünnbettmörtel

Besonders maßgenau gefertigte Steine – Plansteine oder -blöcke – werden mit Dünnbettmörtel vermauert, der Fliesenkleber nicht unähnlich ist. Dadurch entsteht eine Mörtelfuge von nur etwa 1 mm. Dieses Verfahren ist besonders heimwerkerfreundlich, weil man die Arbeitstechnik einfach erlernen kann. Eine genauere Darstellung der Technik erfolgt hier am Beispiel des Baustoffs Porenbeton. Daneben können Sie dieses Verfahren jedoch auch für Plansteine aus anderen Baustoffen einsetzen.

10 Für die Verarbeitung von Porenbeton bieten Hersteller besondere Werkzeuge an: Plankellen verschiedener Breite zum Aufziehen des Mörtels, eine Handsäge zur Steinbearbeitung, ein Schleifbrett zum Herstellen einer ebenen Steinlage. Für kleinere Arbeiten kann man auch auf herkömmliche Werkzeuge ausweichen.

11 Rühren Sie den Dünnbettmörtel nach Angaben des Herstellers an. Wenn die Zahnrillen im Mörtel nach dem Auftrag sauber stehen bleiben, hat der Mörtel die richtige Konsistenz.

12 Legen Sie die erste Steinschicht in ein Mörtelbett, z. B. aus

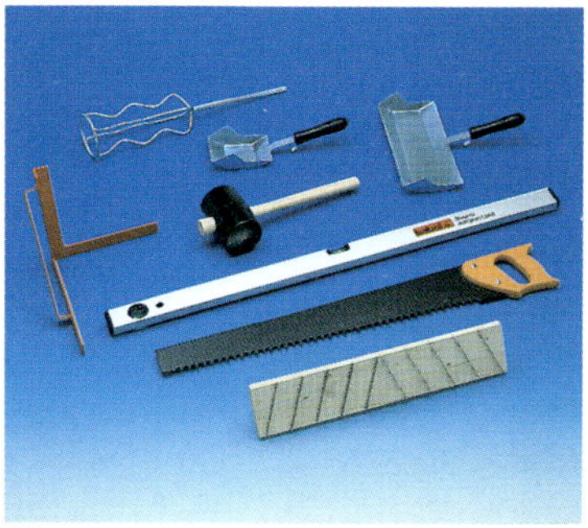

10

11

12

13

14

15

16

Kalk-Zement-Mörtel. Feuchten Sie den Untergrund vor dem Mörtelauftrag gut an. Dies ist besonders bei heißem und trockenem Wetter nötig, da sonst keine ausreichende Verbindung Stein/Mörtel zustandekommt. Tragen Sie den Dünnbettmörtel mit einer geeigneten Plankelle auf den Untergrund auf. Wenn Sie nur wenige Steine vermauern, können Sie auch eine grobe Zahnspachtel verwenden (Zahnung 4 mm). Wenn Sie Plansteine mit Nut und Feder verwenden, benötigen Sie keine Stoßfugenvermörtelung, Sie müssen nur Mörtel für die waagrechte Fuge auftragen.

13 Legen Sie den Porenbetonstein ins Mörtelbett, und richten Sie ihn mit Gummihammer und Wasserwaage genau waagrecht aus. Der Mörtel muß noch »kleben«, bereits zu trockener Mörtel muß entfernt und durch frischen ersetzt werden. Verwenden Sie zum Festklopfen einen Gummihammer.

14 Mit dem Schleifbrett – notfalls mit sehr grobem Schleifpapier auf einem Reibebrett – können Sie kleinere Überstände leicht geradeschleifen und nun ohne Probleme weitermauern.

15 Das Verbinden von Mauersteinen im Dünnbettverfahren kann man auch bei Plansteinen aus Ziegel, Kalksandstein oder Leichtbeton einsetzen. Zum Teil wird der Mörtel mit Zahnkelle, Mörtelschlitten, aber auch durch Eintauchen (siehe Bild) aufgetragen. Bei allen diesen Materialien kommt es darauf an, die erste Steinreihe besonders sorgfältig zu verlegen, denn ein Ausgleich von Mauerfehlern ist hier schwierig.

Mauerwerk ohne Mörtel

16 Moderne Fertigungstechniken ermöglichen die Herstellung von sehr maßgenauen Leichtbetonsteinen mit profilierter Stoßfuge, die man in bestimmten Fällen ohne Mörtel als **Trockenmauerwerk** vermauern kann. Die Mauersteine werden mit ausreichender Stoßfugenversetzung einfach aufeinandergesetzt und später in herkömmlicher Weise verputzt.

Profitip

Hersteller bieten für die Dünnbettvermörtelung und für Trokkenmauerwerk zum Teil ausführliche Verarbeitungsanleitungen, die man bei allen größeren Projekten zu Rate ziehen sollte.

Mauerwerk errichten und ausbessern

Material
Mauersteine, Mörtel.

Werkzeug

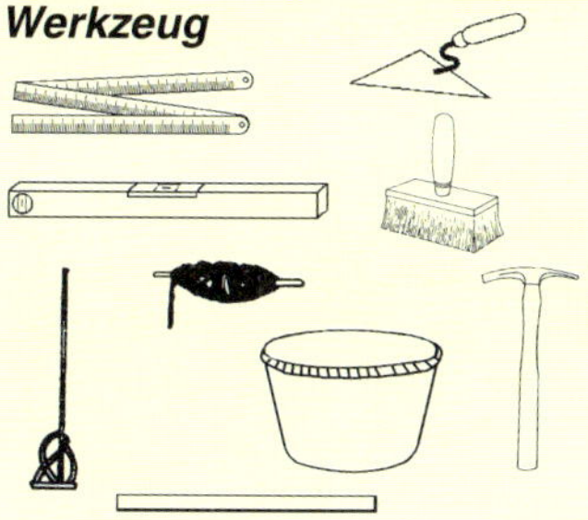

Schwierigkeitsgrad

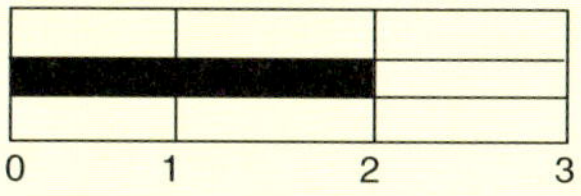

Kraftaufwand

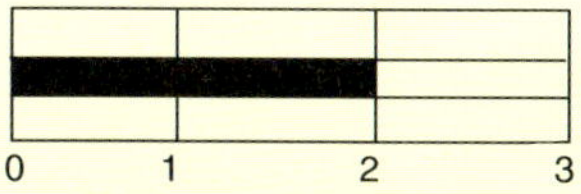

Arbeitszeit
Für 1 m^2 Mauerwerk aus großformatigen Steinen benötigen Sie bei herkömmlicher Vermörtelung etwa 1-1½ Stunden, bei Dünnbettmörtel weniger.

Ersparnis
Für 1 m^2 Mauerwerk sparen Sie ca. 50 DM.

Mauerwerk benötigt einen tragfähigen Untergrund, z. B. ein Platten- oder Streifenfundament oder eine Betondecke. Die Arbeitsanleitungen für den Mauerbau gelten für alle Arten des Mauerns, wie sie im vorigen Kapitel beschrieben sind. Es gelten folgende **Grundregeln**: Frischer Mörtel darf nicht gefrieren, da dann keine Haftung erreicht wird. Frisches Mauerwerk muß durch Abdecken vor Regen geschützt werden. Die Abbindezeit des Mörtels beträgt je nach Mörtel und Witterung zwischen 1-3 Tage. Vor dem Mörtelauftrag müssen alle losen Teile und Verschmutzungen vom Untergrund entfernt werden.

1

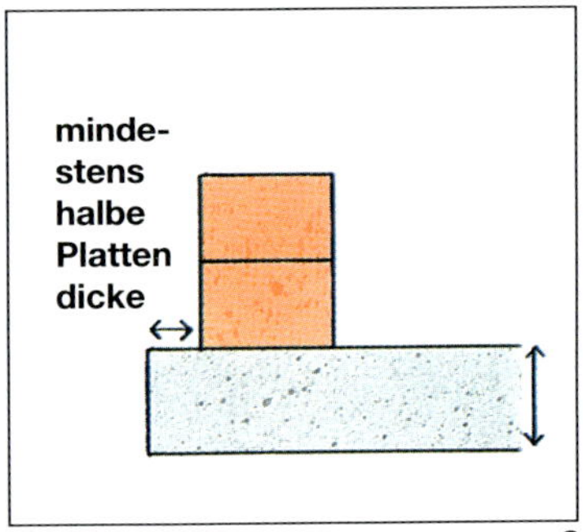

2

Berechnen Sie vor Arbeitsbeginn, wie Sie mit Teilsteinen und möglichst wenig Steinbearbeitung schneller zum Ziel kommen.

1-2 Gehen Sie bei der Errichtung einer Mauer wie folgt vor: Gleichen Sie größere Unebenheiten auf dem Untergrund (über 2 cm) am Tag vorher mit Mörtel oder Ausgleichsmassen aus. Tragen Sie eine gleichmäßige Mörtelschicht von etwa 2 cm Höhe auf dem Untergrund auf, nässen Sie sehr trockene Untergründe etwas vor. Verlegen Sie die Ecksteine und anhand der Fluchtschnur die erste Steinreihe ins Mörtelbett. Richten Sie die Steine waagrecht und senkrecht aus. Ist eine Sperrschicht notwendig, wird z. B. eine besandete Dachpappe ins Mörtelbett gelegt und anschließend eine weitere Mörtelschicht aufgebracht (siehe Seite 10). Auf einem Plattenfundament sollte die Mauer eine halbe Plattendicke vom Rand entfernt sein.

3 Mauern Sie nun die Ecken hoch: bei kleineren Formaten etwa 6-8 Steinschichten, bei größeren 4-6 Schichten. Richten Sie diese Ecken mit Wasserwaage und Richtscheit senkrecht aus. Vermauern Sie nun anhand der Fluchtschnur die Zwischenräume.

4 Mauern werden im Verband errichtet, d. h. die senkrechten Stoßfugen müssen versetzt sein. Die Grundregel lautet: Die **Fugenüberbindung** (ü) muß mindestens den 0,4fachen Wert der Steinhöhe betragen, auf jeden Fall aber mehr als 4,5 cm (bei Kleinformaten). Bei Steinhöhen von 23,8 cm beträgt die Überbindung also etwa 10 cm, bei Höhen von 11,3 cm und darunter mindestens 4,5 cm. In der Praxis verwendet man aber häufig größere Fugenüberbindungen. Bei kleinformatigen Steinen (bis 11,3 cm Steinhöhe) hat die Fugenüberdeckung meist die halbe Steinlänge oder -breite, also 12 cm oder 6,25 cm. So lassen sich auch Eckverbindungen herstellen. Bei grö-

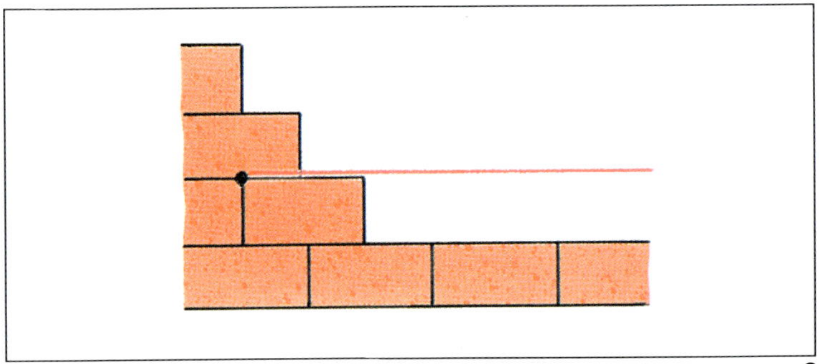

3

Mauerdicke 11,5 cm

Mauerdicke 24 cm

Mauerdicke 24 cm

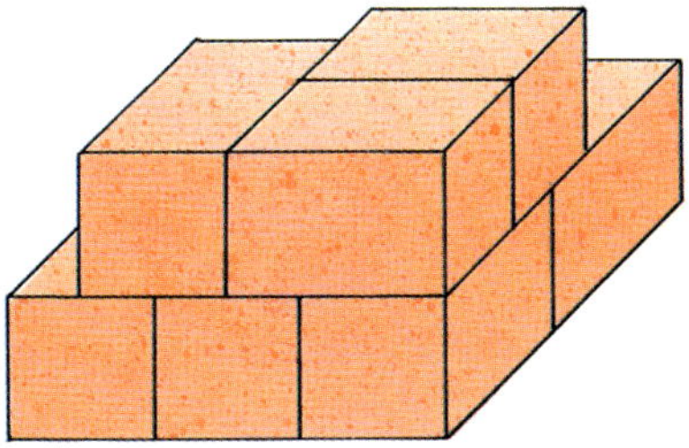

Mauerdicke 36,5 cm

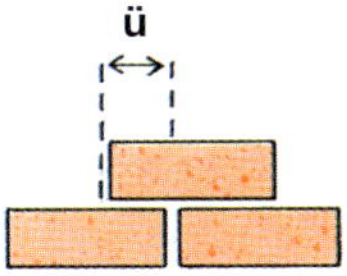

Fugenüberbindung

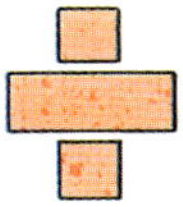

Kreuzverband

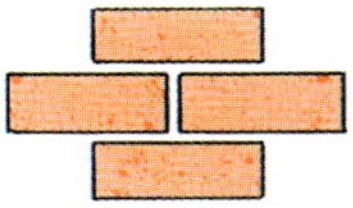

Läuferverband

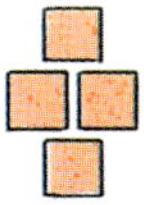

Blockverband

4

5

6

7

8

9

10

ßeren Formaten und Großformaten beträgt die Mauerüberbindung meist ein Drittel der Steinlänge oder die Hälfte der Steinbreite (ca. 12,5 cm). Bei Sichtmauerwerk kann man durch die bewußte Anordnung von Mauersteinen eine Vielzahl von optischen Wirkungen erzielen. Die wichtigsten Mauerverbände für Sichtmauerwerk sind in der Abbildung auf S. 53 zu sehen: Läuferverband, Blockverband und Kreuzverband.

5-6 Beim Hochmauern der Ecken prüfen Sie mit Wasserwaage und Richtscheit regelmäßig, ob die Mauern auch genau waagrecht und senkrecht verlaufen (dazu auch Seite 32). Beim herkömmlichen Mörtelauftrag garantiert eine Schichtmeßlatte (ein Richtscheit mit Markierung der Mörtelfugen), daß das Mauerwerk auch überall gleichmäßig wächst.

7 Damit die Mauer gerade verläuft, genau »in der Flucht«, wie der Fachmann sagt, verwendet man die Maurerschnur, die zwischen zwei hochgemauerten Ecken straff gespannt wird und nirgends anliegen darf. Sie wird entweder an einem Nagel befestigt oder an einem Holzklotz, der mit einem schweren Stein beschwert ist. Mit einem kleinen Gummiring an einem Ende läßt sich die Schnur leichter spannen. Wenn Sie die Steine genau nach der Fluchtschnur verlegen, garantiert das bei genau lotrechten Ecken auch eine lotrechte Zwischenmauer.

Geringfügige **Korrekturen** sind bei Verwendung von herkömmlichem Mörtel über die Veränderung der Fugendicke möglich, allerdings je Fuge nur im Millimeterbereich.

8 Bei Sichtmauerwerk kommt es auf eine besonders gleichmäßige Fugenausbildung an. Für genau senkrecht übereinander liegende Fugen gibt es in manchen Baumärkten eine Mauerlehre. Für gleichmäßige Lagerfugen gibt es einen Mörtelrahmen, den man sich (mit leichter Fugenüberhöhung) aus etwa 1,5 cm hohen Stäbchen und zwei Winkeln selbst herstellen kann.

9-12 Von einer Hauptmauer abzweigende Mauern erfordern eine **Verzahnung**. Eine Verzahnung erfolgt, indem das Mauerwerk in die Hauptmauer eingreift, in der Regel mindestens 12 cm. Beim Hochziehen der Mauer können auch entsprechende Aussparungen für das spätere Ausmauern vorgesehen werden. Auch eine überstehende Verzahnung ist möglich. Bei Mauersteinen, bei denen dieses Verfahren ausdrücklich zugelassen ist, kann man die **Stumpfstoßtechnik** anwenden: In die Mörtelfuge werden spezielle Maueranker eingelegt, die die Anschlußmauer schließlich festhält. Dieses Verfahren ist auch bei Mauersteinen aus unterschiedlichem Grundmaterial möglich. Die Maueranker sollten bis zum Mauern der Innenwände umgebogen werden, um Verletzungen zu vermeiden. Bei der Verzahnung von Mauerwerk aus unterschiedlichen Formaten muß man darauf achten, daß möglichst durchgehende Mörtelfugen erreicht werden.

13 Für die **Ausbesserung** von Mauerwerk eignen sich Mauer- und Reparaturmörtel in kleineren Pakkungen. Zum Austausch eines Mauersteins entfernen Sie den alten Stein und den Fugenmörtel vorsichtig. Bringen Sie neuen Mörtel allseits ein, drücken Sie den Stein in die Lücke, und verpressen Sie die Fehlstellen mit der Fugenkelle. Für die Ausbesserung von altem Ziegelsichtmauerwerk eignen sich gesandete und strukturierte Vormauerziegel, weil sie sich der alten Steinstruktur besser anpassen.

11

12

13

Sichtmauerwerk verfugen

Sichtmauerwerk wird aus Vormauerziegeln, Klinker oder Kalksandsteinen hergestellt und erfordert gleichmäßige Fugenbreiten. Vermeiden Sie beim Mauern Verschmutzungen auf der Oberfläche des Mauerwerks, z. B. durch herausquellenden Mörtel, sorgen Sie für gleichmäßigen Mörtelauftrag und vermeiden Sie Hohlräume, vor allem im Außenbereich. Verwenden Sie zum Mauern gegebenenfalls einen Mörtelrahmen (Seite 55). Schützen Sie frischen Fugenmörtel vor großer Hitze.
Verwenden Sie im Außenbereich Zementmörtel der Mischung 1 Raumteil Zement zu 2-3 Raumteile Sand. Für den Innenbereich eignet sich Kalkzementmörtel der Mischung 1 Raumteil Kalk, 1 Raumteil Zement, 3 Raumteile Sand. Der Sand sollte nicht zu grobkörnig sein (Körnung bis zu 4 mm). Fugenmörtel gibt es auch als Fertigmörtel. Die Farbe des Fugenmörtels kann durch Verwendung von grauem oder weißem Zement oder durch Einfärben variiert werden.

1 Die Abbildung zeigt **gute Fugenausbildungen**. Grundsätzlich sollte der Fugenmörtel im Außenbereich zum Schutz der Mauer vor

Material
Fugenmörtel.

Werkzeug

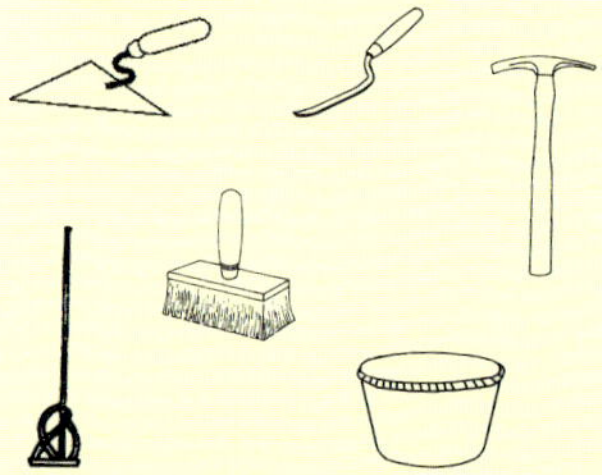

Schwierigkeitsgrad

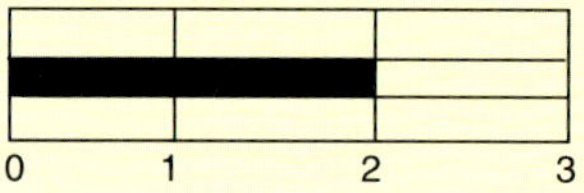

Kraftaufwand

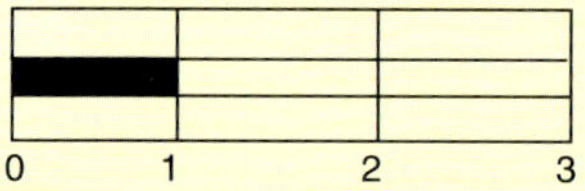

Arbeitszeit
Für das Verfugen von 1 m² Sichtmauerwerk benötigen Sie etwa 2 Stunden.

Ersparnis
Für das Verfugen von 1 m² sparen Sie ca. 100 DM.

Niederschlägen höchstens 1 mm zurückspringen. Er sollte überall in gleichmäßiger Dicke eingebracht werden.

2 Kratzen Sie vor dem Erstarren des Mörtels die Fugen mit einem Hartholzstab etwa 1,5–2 cm tief aus, und entfernen Sie losen Mörtel.

3 Feuchten Sie trockenes Mauerwerk an. Verwenden Sie zum Verfugen relativ trockenen, doch noch leicht verformbaren Mörtel. Nehmen Sie etwas Mörtel auf Glättkelle oder Reibebrett und pressen Sie ihn mit der Fugenkelle dicht ein, im Außenbereich so fest, daß kein Wasser eindringen und Schaden anrichten kann. Ein Fugblech – in manchen Baumärkten erhältlich – kann vor allem das Füllen senkrechter Fugen erleichtern.

4 Formen Sie die Fuge nun mit der Fugenkelle oder runden Sie, wenn der Mörtel angesteift ist, mit einem Schlauchstück zuerst die Stoß-, dann die Lagerfugen. Vermeiden Sie nachträgliche Verschmutzungen, und schützen Sie frische Mörtelfugen vor Regen. Entfernen Sie vor dem Aushärten des Fugenmörtels alle Mörtelspritzer mit Wasser. Zementschleier entfernt man nach dem Aushärten mit einem säurehaltigen Spezialmittel (Zementschleierentferner).

Das Verfugen während des Hochmauerns (»naß in naß«; die Mauerwerksfugen werden schon beim Aufmauern mit Fugenmörtel gefüllt) ist für den Heimwerker wesentlich schwieriger, weil er zwei Arbeitstechniken gleichzeitig beherrschen muß.

Für **Ausbesserungen** von alten Fugen gilt: Entfernen Sie allen lockeren Fugenmörtel, und säubern Sie die Fuge von Schmutz und Sandresten. Nässen Sie den Reparaturbereich vor. Verwenden Sie den Mörtel wie beim Neuverfugen. Pressen Sie den Mörtel mit der Fugenkelle ein, und passen Sie die Fugenstruktur der bestehenden an.

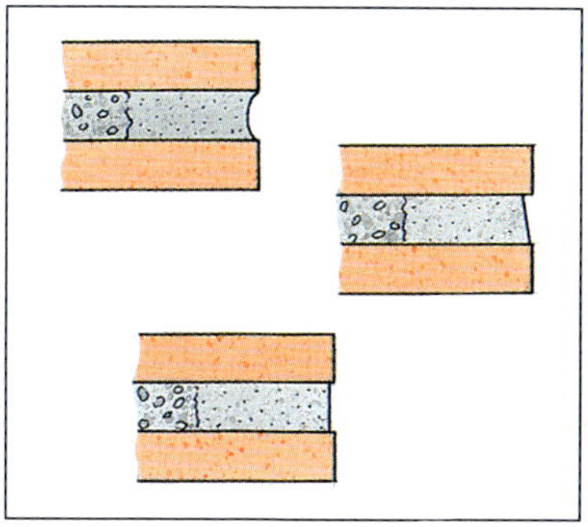
1

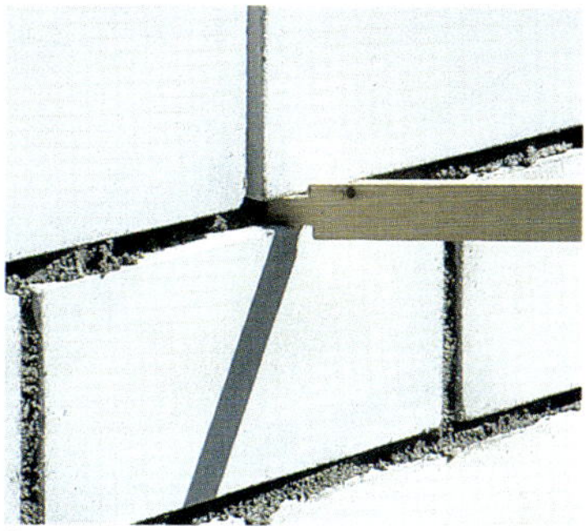
2

3

4

Eine Trennwand errichten

Einfache Trennwände sind nichttragende Innenmauern und schaffen unterschiedliche Nutzungsmöglichkeiten. Auch beim Dachausbau sind Trennwände erforderlich.

Trennwände benötigen einen **tragfähigen Untergrund**. Ob ein Untergrund genügend tragfähig ist, hängt von der zu erwartenden zusätzlichen Belastung ab, die man aus Steinrohdichte multipliziert mit den Mauermaßen (Länge x Dicke x Höhe) berechnen kann. Man verwendet daher häufig relativ leichte Baustoffe wie Porenbeton oder Leichtbeton, die zudem noch in geringen Steindicken zur Verfügung stehen. Eine 4 m lange,

Material
Mauersteine, Mörtel, Montageschaum.

Werkzeug

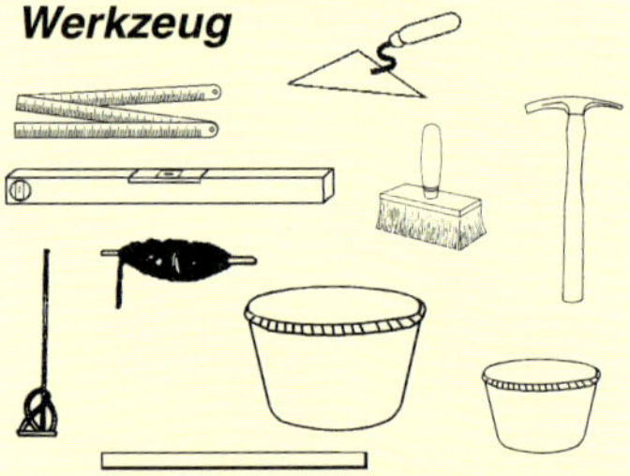

Schwierigkeitsgrad

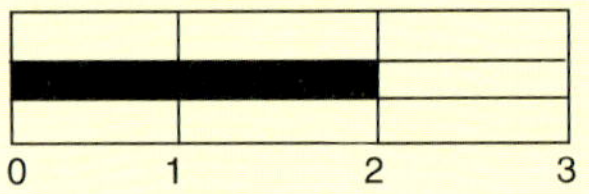

Kraftaufwand

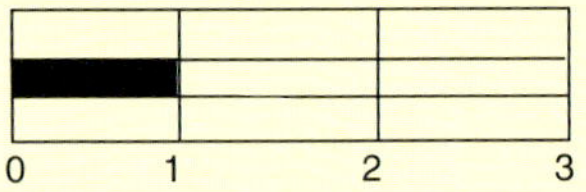

Arbeitszeit
Für eine Trennwand von 4 m Länge und 2,50 m Höhe mit Dünnbettvermörtelung benötigen Sie insgesamt etwa 8 -10 Stunden.

Ersparnis
Sie sparen sich für diese Mauer ca. 500 - 800 DM.

2,50 m hohe und 10 cm dicke Wand aus diesen Baustoffen wiegt immerhin noch 600 bis 800 kg.
Gut tragende Untergründe sind erdberührende Plattenfundamente. Betondecken können gute Untergründe sein, vor allem dann, wenn sich die Trennwand in unmittelbarer Nähe einer darunterliegenden Wand befindet. Wände auf tragenden Holzbalken sind meist nicht möglich. Man kann aber eine ausreichend breite Stahlschiene einziehen. Darunterliegendes Mauerwerk kann tragfähig sein, doch vor allem dünne Mauern und Stürze über Maueröffnungen reichen oft nicht aus. Schlechte Untergründe sind in der Regel schwimmende Estriche. Hier muß man meist den Estrich aufstemmen, den Dämmstoff entfernen und das Mauerwerk auf dem festen Untergrund errichten – das ist meist eine Betondecke. Damit wird auch die Trittschallübertragung in den anderen Raum unterbrochen. Für alle **Zweifelsfälle** gilt: Lassen Sie die Tragfähigkeit von einem Fachmann prüfen oder beurteilen.
Bei den Planungen sollten Sie insbesondere bedenken: Wände geringer Stärke dämmen den Schall kaum. Ist eine sehr gute Schalldämmung erwünscht, muß man auf schwere Baustoffe wie Kalksandstein oder doppelschalige leichte Trennwände mit Dämmstoff und Gipskartonverkleidung ausweichen. Die Arbeitsanleitung zeigt, wie im Rahmen eines Dachausbaus eine Trennwand eingezogen wird. Als Material dienen 10 cm dicke Porenbetonsteine, die mit Dünnbettmörtel vermauert werden - eine weit verbreitete Lösung für nachträglich eingezogene Trennwände. Als tragfähiger Untergrund dient die darunterliegende Mauer.

1 Säubern Sie den Untergrund, und nässen Sie ihn vor. Die unterste Steinreihe wird in Kalkzementmörtel verlegt, damit Unebenheiten des Untergrunds ausgeglichen werden. Tragen Sie den Mörtel auf, und setzen Sie die Ecksteine.

2 Spannen Sie nun die Maurerschnur. Setzen Sie anhand der Schnur die erste Steinreihe ins Mörtelbett; richten Sie sie mit der Wasserwaage und dem Gummihammer sorgfältig waagrecht aus.

3 Tragen Sie auf die Stoßfuge mit der Zahnkelle Dünnbettmörtel auf, und setzen Sie den nächsten Stein. Klopfen Sie dann mit dem Gummihammer leicht gegen den

1

2

3

4

5

Stein, so daß er ausreichend mit dem Mörtel verbunden wird.

4 Die Verbindung mit dem bestehenden Mauerwerk stellen Sie in diesem Fall am besten mit Dünnbettmörtel her, da die Mauer an dieser Stelle eben und haftfähig ist.

5 Tragen Sie den Mörtel mit der Zahnkelle auf, und klopfen Sie den Stein mit dem Gummihammer auf Untergrund und Mauer an. Prüfen Sie den Verlauf der Mauer regelmäßig mit der Wasserwaage, und arbeiten Sie mit der Maurerschnur.

6 Sägen Sie im Deckenbereich gegebenenfalls passende Steinhöhen zu, und tragen Sie den Mörtel bei der letzten Reihe auf den zu verlegenden Stein auf. Die einfachste Möglichkeit, den noch bestehenden Spalt zu schließen, ist Montageschaum, der der Mauer zugleich noch Stabilität gibt. Daneben kann man den Spalt auch mit Hilfe einer Fugenkelle mit herkömmlichem Mörtel verpressen.

7 Für den Anschluß an vorhandene Wände, welcher der Mauer erst die genügende Standsicherheit gibt, müssen andere Methoden angewendet werden, wenn das Mauerwerk wenig haftfähig oder unregelmäßig ist. Aufwendig und nicht immer möglich ist das Ausstemmen einer mindestens 5 cm tiefen Nut, in welche die Trennwand eingreift. Manche Hersteller empfehlen, ein Rundeisen in das Mauerwerk einzuschlagen und eine Rille im Stein herzustellen, in die das Eisen eingreift. Möglich ist auch die Montage eines Metallwinkels, der ebenfalls in einer Rille im Stein zu liegen kommt. Nicht zuletzt gibt es Metallschienen, die man an der Wand montiert und in die Maueranker eingelegt werden können. Auch ein Anschluß mit geeignetem Montageschaum ist möglich. Entfernen Sie bei allen Anschlüssen alte Tapeten, und füllen Sie die Fugen ringsherum dicht mit herkömmlichem Mörtel aus. So verbessert sich auch die Schalldämmung.

6

7

Gartenmauern errichten

Material

Mauersteine, Mörtel, Abdeckplatten.

Werkzeug

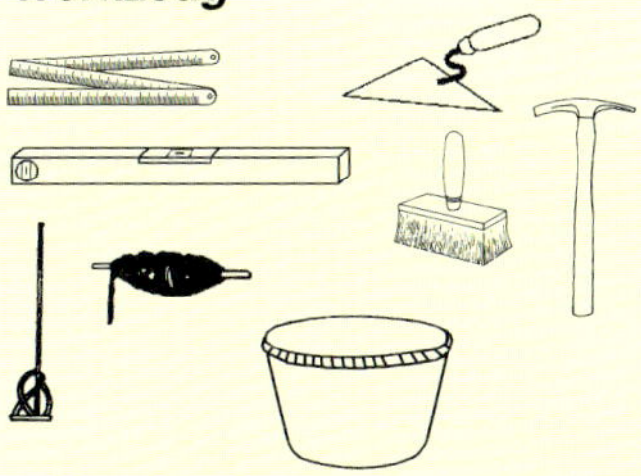

Schwierigkeitsgrad

Kraftaufwand

Arbeitszeit

Für eine verputzte Gartenmauer benötigen Sie für jeden Quadratmeter etwa 2-3 Stunden.

Ersparnis

Sie sparen für 1 m² ca. 120 bis 180 DM.

Mauern im Garten dienen entweder der Einfriedung oder der Abtreppung, zum Teil auch dem Lärm- und Sichtschutz.

1 Alle mit Mörtel hergestellten **Gartenmauern**, die sehr stabil sein sollen, ruhen auf einem bis in frostsichere Tiefe reichenden Streifenfundament (Seite 12). Es darf kein Wasser in die Mauer eindringen, damit Frost keine Schäden verursachen kann. Freistehende Mauern sind nur bis zu bestimmten Höhen zulässig. Es empfehlen sich also meist Mauerdicken von mindestens 24 cm und schwerere Materialien (dazu Seite 13). Höhere Mauern müssen zusätzlich stabilisiert werden, z. B. durch Anbindung an Mauerpfeiler. Rißbildung von längeren Mauern kann nur dann weitgehend verhindert werden, wenn man in Abständen von etwa 5 m in Fundament und Mauerwerk durchgehende Dehnungsfugen anordnet, die man mit speziellen Profilen verschließen kann.

2 Eine **verputzte Mauer** besteht meist aus normalen Mauersteinen und einer wasserdichten Abdeckung. In diesem Fall reicht Kalkzementmörtel zum Vermauern

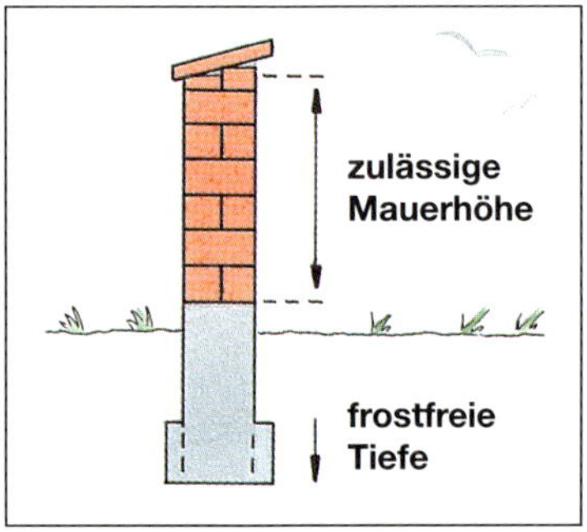

1

2

3

aus. Das Betonfundament kann über die Erdoberfläche geführt werden. Bei feuchtigkeitsempfindlichen Mauersteinen kann zwischen Fundament und Mauer eine Bitumenpappe zur Abdichtung satt ins Mörtelbett gelegt werden (dazu Seite 9). Als Putzmörtel eignet sich Kalkzementmörtel, im unmittelbaren Sockelbereich bis zu einer Höhe von 50 cm Zementmörtel. Daneben können Gartenmauern natürlich auch als **Sichtmauern** errichtet werden, z. B. aus geeigneten Ziegeln und Kalksandsteinen. Sichtmauerwerk ruht entweder auf einem Betonsockel oder sollte durch Dränageschotter vor direktem Erdkontakt geschützt werden.

3 Abdeckungen verhindern bei mit Mörtel errichteten Mauern Schäden durch Regen und Frost. Sie sollten zumindest eine leichte Neigung besitzen, die Abtropfkante sollte mindestens 5 cm über das Mauerwerk vorstehen. Zur Abdeckung von Mauern gibt es viele Möglichkeiten: Bleche, Naturstein-, Ziegel- oder Betonplatten, Dachziegel in verschiedenen Ausführungen oder Wellplatten. Ist eine starke Neigung erwünscht, empfiehlt es sich, die Mauerneigung mit kleinformatigen Steinen vorzumauern. Alle Produkte werden satt ins Mörtelbett verlegt, saugfähige Produkte vorher gut angenäßt. Wellplatten und Bleche werden mit den jeweils geeigneten Spezialschrauben zusätzlich gesichert.

4 Auch mit Mörtel vermauerte **Natursteinmauern** müssen auf geeigneten Streifenfundamenten ruhen. Natursteine gibt es als rohe Bruchsteine und in vielen Bearbeitungsstufen zu kaufen. Die Bearbeitung von Natursteinen erfolgt mit Hammer, Meißel und Spezialwerkzeugen und ist von Material und gewünschtem Arbeitsergebnis abhängig. Lassen Sie sich beim Kauf beraten.
Sehr genau bearbeitete Natursteine verarbeitet man ähnlich wie künstliche Mauersteine. Beachten Sie bei unregelmäßigem **Bruchsteinmauerwerk** folgende Grundregeln: Stoßfugen sollte man versetzt anordnen, keine Stoßfuge darf durch mehr als zwei Schichten gehen. Verwenden Sie zum Mauern so steifen Mörtel, daß ihn das Gewicht der Steine nicht aus den Fugen herausdrückt. Sichern Sie schwere Steine zusätzlich mit Holzkeilen, die Sie später entfernen. Die

Fugendicke richtet sich nach dem Material. Verwenden Sie zum Mauern Zementmörtel. Die Breite der Mauer sollte bei Bruchsteinmauerwerk mindestens 40 cm betragen. Setzen Sie zuerst die Ecksteine und anschließend die erste Schicht aus gut aneinanderpassenden Blöcken in ein mindestens 2,5 cm dickes Mörtelbett. Verlegen Sie die Steine möglichst mit der ebenen Fläche nach oben und mit leichter Neigung zur Mauermitte. In regelmäßigen Abständen sollte man Bindersteine verlegen, die über die gesamte Mauerbreite gehen. Der Kern der Mauer wird lückenlos mit kleinen Steinen und mit Mörtel ausgefüllt. Lücken in der Maueroberfläche füllen Sie durch Eintreiben von kleinen Steinen (Zwickeln) oder Steinkeilen mit dem Hammer (Bild Seite 61). Fugen werden beim Aufmauern verfüllt und mit einem feuchten Pinsel geglättet.

5 Trockenmauern stehen auf dem Boden oder – zur besseren Wasserabführung – auf einer etwa 15 cm hohen Sandschicht. Sie sollten relativ breit angelegt werden, z. B. bei 1 m Höhe unten eine Dicke von 50 cm aufweisen. Die unterste Schicht besteht aus großen Steinen. Verlegen Sie immer erst eine Schicht aus äußeren Steinen und füllen Sie dann den Mauerkern aus. Verlegen Sie die Steine mit Neigung zur Mauermitte, so daß sich die Mauer nach oben verjüngt, also etwa 5-10 cm pro Meter Höhe schmäler wird. Stoßfugen sollten möglichst oft versetzt sein. Lücken füllt man durch Eintreiben von Steinkeilen oder Steinstückchen mit dem Hammer, die großen Steine sollten immer gut aufliegen und nicht kippen. Decken Sie die Mauer mit möglichst regelmäßig aussehenden Steinen ab.

6 Terrassenmauern können bei niedriger Höhe auch ohne Fundament gemauert oder als Trockenmauer errichtet werden. Sie sind leicht zum Hang hin geneigt. Hohe Abtreppungen sollte man mit bewehrten Betonmauern ausführen. Bei einseitig mit Erdreich hinterfüllten Mauern muß man darauf achten, daß Niederschläge absickern können, beispielsweise durch Kieshinterfüllung oder Sickeröffnungen.

Sicherheitstip

Wer keine Erfahrung im Umgang mit Natursteinen hat, sollte keine vermörtelten Bruchsteinmauern oder Trockenmauern von über 1 Meter Höhe errichten.

4

5

6

Arbeiten an Fenstern und Türen

Fenster und Türen sind auch genormt erhältlich. Wer also Fertigprodukte verwenden will, wird sich an die Normmaße halten und sie bei der Errichtung von Mauerwerk oder Mauerdurchbrüchen beachten. Fenster können Sie entweder mit Spezialdübeln, Laschen oder Montageschaum an den Laibungen befestigen.

1 Die richtige Laibungshöhe erreicht man häufig durch Weitermauern mit Kleinformaten. Zwischen Rahmen und Laibung befindet sich eine Wärmedämmschicht. Die innere Fensterbank besteht häufig aus Naturstein oder Holz, die äußere Fensterbank aus einem Blechprofil.

2 Die **innere Fensterbank** liegt häufig auf dem Mauerwerk, bei tiefen Nischen auch auf Konsolen und greift meist etwa 3 bis 5 cm seitlich ins Mauerwerk ein. Stemmen Sie zur Verlegung der Fensterbank das Mauerwerk seitlich aus, und passen Sie die Fensterbank trocken ein. Setzen Sie gegebenenfalls die Trageisen am Tag vorher mit Zementmörtel oder mit Schnellzement ein. Gleichen Sie größere Unebenheiten ein bis zwei

Material
Mörtel, Fensterbänke, Fensterbleche.

Werkzeug

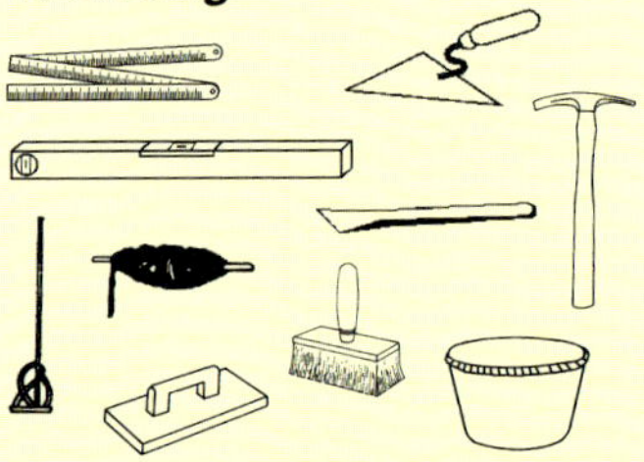

Schwierigkeitsgrad

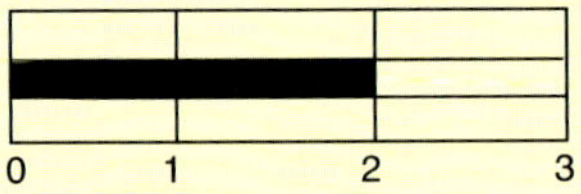

Kraftaufwand

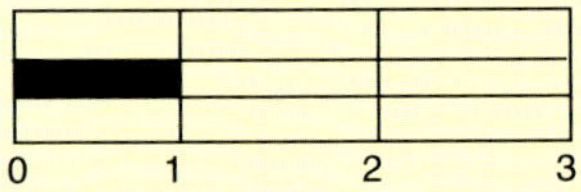

Arbeitszeit
Für das Setzen einer Fensterbank benötigen Sie etwa 2-3 Stunden.

Ersparnis
Beim Setzen einer Fensterbank sparen Sie ca. 150 DM.

Stunden vorher aus. Tragen Sie nun nicht zu flüssigen Kalkzementmörtel auf, legen Sie die Bank satt ins Mörtelbett, und richten Sie sie mit der Wasserwaage aus. Die innere Fensterbank sollte waagrecht oder mit einem kleinen Gefälle zum Raum hin verlegt werden. Verhindern Sie das zu starke Herausquellen des Mörtels durch kleine Holzkeile. Verpressen Sie zum Schluß alle Fehlstellen mit der Fugenkelle.

3 Die **äußere Fensterbank** besteht häufig aus einem seitlich aufgekanteten Blech, das ebenfalls im Bereich der Aufkantung ins Mauerwerk eingreift. Die Abtropfkante sollte sich mindestens 5 cm außerhalb des Mauerwerks befinden. Die Fensterbank sollte so konstruiert und befestigt werden, daß zum Rahmen hin keine Fuge entsteht, in die Wasser eindringen könnte. Gleichen Sie eine größere Höhendifferenz mit Mörtel aus, befestigen Sie das Blech am Fenster, und verpressen Sie nun mit der Fugenkelle den verbleibenden Spalt.

Profitip
Schützen Sie insbesondere Alubleche vor frischem Mörtel, denn die Oberfläche wird leicht beschädigt.

4 Das **Zumauern** von Fenster- und Türöffnungen gehört zu den einfachen Heimwerkertätigkeiten. Man kann dazu Kalkzementmörtel verwenden. Entfernen Sie den Putz von den Fensterlaibungen und stellen Sie mit Mörtel einen ebenen Untergrund her. Verwenden Sie für bewohnte Räume gut wärmedämmende Steine. Wenn Sie mit herkömmlichem Mörtel mauern, eignen sich am besten Steine kleineren Formats, weil Sie dann meist weniger Steine bearbeiten müssen. Das neue Mauerwerk soll in der Flucht mit dem alten liegen, damit auch der Putz gleichmäßig aufgetragen werden kann. Der vorhandene Sturz wird belassen, eine Verzahnung mit dem bestehenden Mauerwerk ist meist nicht nötig. Verpressen Sie die entstehende obere Fuge mit der Fugenkelle.

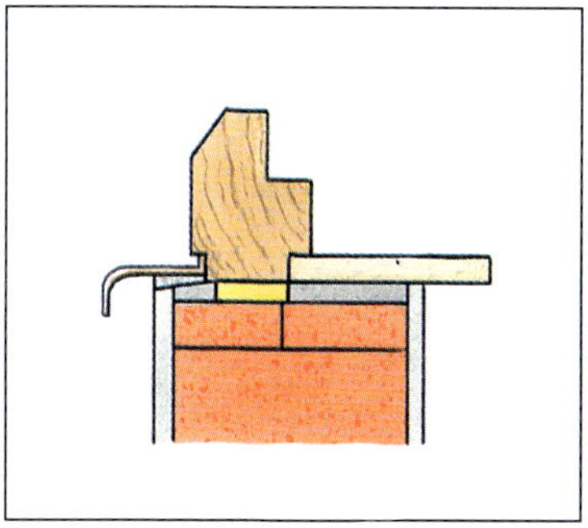
1

2

3

4

Schlitze und Schächte herstellen

Schlitze und Schächte sollen Elektro-, Heizungs-, Wasser- und Abwasserleitungen aufnehmen. Beachten Sie bei der Planung, daß warmwasserführende Rohre eine gute Wärmedämmung, Abwasserrohre möglicherweise eine Schalldämmung benötigen.

1 Größere **senkrechte Aussparungen** stellt man bei Neubauten am besten im gemauerten Verband her. Folgende Werte sind erlaubt (d = Wanddicke, b = Schlitzbreite, t = maximale Tiefe; Abstand von Öffnungen wie Fenstern mindestens 2fache Schlitzbreite bzw. 36,5 cm, Abstand zwischen zwei Schlitzen mindestens Schlitzbreite, Werte in cm):

d = **11,5**: nicht erlaubt
d = **17,5**: b 26,0 t 6,0
d = **24,0/30,0/**
36,5: b 38,5 t 12,5

2 Das nachträgliche Herstellen von **Schlitzen** ist einfach: Bei weichen Baustoffen wie Porenbeton kann man Schlitzkratzer einsetzen, ansonsten gibt es Schlitzfräsen, auch als Aufsatz auf Bohrmaschinen und mit Staubabsaugung, die man sich leihen kann. Das Schlagen von Schlitzen sollte möglichst vermie-

Material
Mauersteine, Mörtel.

Werkzeug

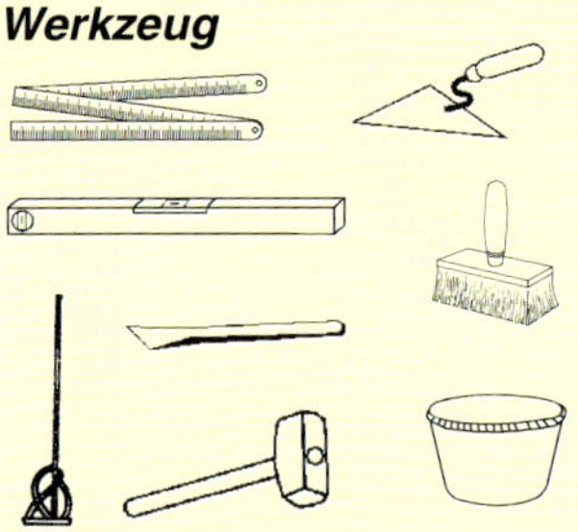

Schwierigkeitsgrad

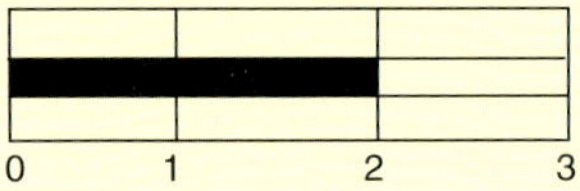

Kraftaufwand

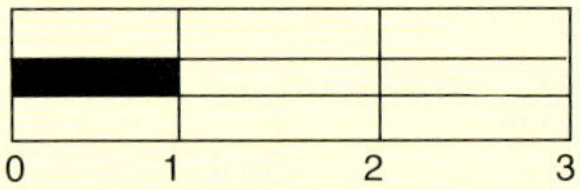

Arbeitszeit
Für die Herstellung von Schlitzen für Elektro-Leerrohre benötigen Sie je nach Mauerwerk etwa 10-20 Minuten pro Laufmeter.

Ersparnis
Für jeden Meter solcher Schlitze sparen Sie ca. 10-15 DM.

den werden, weil es den Mauerverband zusätzlich schwächt.

Nachträglich hergestellte **waagrechte** und **schräge Schlitze** sind nur in einem Bereich bis 40 cm ober- und unterhalb der Decke, nur auf einer Seite einer Wand und in folgenden Tiefen (in cm, d = Wanddicke) erlaubt:
d = **11,5**: 0; d = **17,5**: 1,0; d = **24,0**: 2,5; d = **30,0/36,5**: 3,0 cm.

Nachträglich hergestellte **senkrechte Schlitze** sind in folgenden Maßen erlaubt (d = Wanddicke, b = Schlitzbreite, t = Tiefe, g = Gesamtbreite von Schlitzen je 2 m Wandlänge; Abstand von Öffnungen jeweils 11,5 cm, Werte in cm):

d = **11,5**:	b 10,0	t 1,0	
d = **17,5**:	b 10,0	t 3,0	g 26,0
d = **24,0**:	b 15,0	t 3,0	g 38,5
d = **30/36,5**:	b 20,0	t 3,0	g 38,5

Bei umfangreicheren Arbeiten wird man den Rat des Fachmanns einholen oder auf Spezialinformationen der Hersteller zurückgreifen, da bei speziellen Baustoffen auch andere Werte gelten können.

3 Das Schließen von Schlitzen ist durch verschiedene Methoden möglich: Kleine Schlitze verfüllt man einfach mit Mörtel. Für größere Schlitze eignen sich spezielle leichte Füllmörtel, bei denen ein Reibebrett beim Verfüllen als Schalung dient. Beim Zuputzen mit herkömmlichem Mörtel muß man vornässen und den Mörtel meist in mehreren Lagen einbringen, wobei man oft kleine Steinstücke mitverarbeiten kann. Sehr breite Schlitze kann man mit Holzwolle-Leichtbauplatten verschließen.

4 Für die Nachrüstung bei Altbauten oder bei dünnen Wänden empfiehlt sich häufig das Mauern eines eigenen **Schachts**, der nicht nur einen tragfähigen Untergrund erfordert, sondern mit dem vorhandenen Mauerwerk – ähnlich wie bei Trennwänden – verzahnt werden muß. Auch dazu eignen sich möglichst leichte Bausteine wie Porenbeton, die zudem in geringen Steindicken verarbeitet werden können.

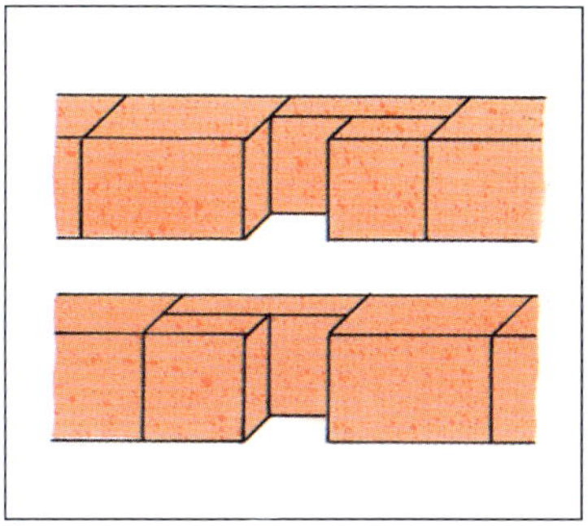

1

2

3

4

Schalungen für Beton herstellen

Damit Beton eine bestimmte Form erhält, benötigt er Flächenbegrenzungen in Form von Schalungen.

1-3 Einfache Schalungen kann der Heimwerker selbst herstellen, z. B. Schalungen für Betonplatten, Streifenfundamente oder kleine Treppen. Welche Art der Schalung Sie wählen, hängt auch vom Baugrund, von Befestigungs- und Abstützungsmöglichkeiten ab. Zur Höheneinmessung können Sie die Schlauchwaage verwenden oder Markierungspunkte an Pfähle setzen. Zur Absteckung längerer Geraden verwenden Sie die Maurerschnur. Beton kann einen enormen

Material
Schalungsbretter, Nägel, Stützen, Pfosten, Holzkeile.

Werkzeug

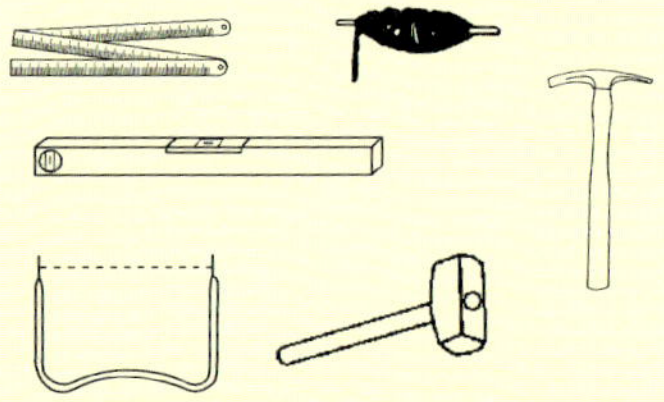

Schwierigkeitsgrad

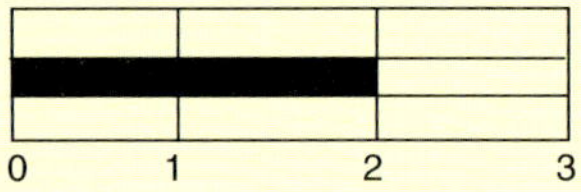

Kraftaufwand

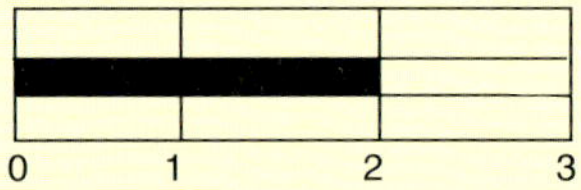

Arbeitszeit
Für die Einschalung eines Streifenfundaments benötigen Sie je nach Ausführung etwa 1 Stunde pro Meter.

Ersparnis
Für die Einschalung eines Streifenfundaments sparen Sie ca. 50 DM pro Meter.

Druck auf die Schalungen ausüben, deshalb sollten Schalungen sehr stabil sein. Bei sichtbaren Betonoberflächen müssen Sie besonders sorgfältig arbeiten.

4 Die einfachste Schalung ist die natürliche Begrenzung durch das **Erdreich**. Der Boden wird dazu mit dem Spaten genau senkrecht ausgehoben, größere Tiefen besser mit einem Minibagger. Damit der Rand nicht abbricht, wird eine Bohle aufgelegt. Wenn ein sehr sauberer Abschluß gewünscht ist, legt man für die letzte weiche Betonschicht Kanthölzer an den Rand der Schalung, richtet sie aus und zieht den Beton ab.

Ist der Boden nicht genügend standfest oder befindet sich das Bauteil über der Erdoberfläche, werden **Schalungen aus Holz** eingesetzt. Überall dort, wo es möglich ist, sollten Sie auf fertige Schaltafeln zurückgreifen (Format meist 150 x 50 cm), die Sie bei Verleihfirmen ausleihen können. Sie besitzen Metallrahmen, sind daher formstabil und ergeben eine saubere Oberfläche. Im Rahmen befinden sich kleine Löcher für Nägel zur Befestigung.

Schaltafeln beliebiger Form und Größe kann man selbst herstellen. Man benötigt dazu parallel besäumte Holzbretter von etwa 20 mm Dicke, Leisten und Nägel (z. B. Senkkopfnägel 22 x 50 mm). Die Tafeln werden von Leisten zusammengehalten, die Nägel werden durchgeschlagen und auf der Rückseite umgeschlagen.

Einfache Schalungen werden nur an einem Pfosten befestigt. Es gibt eine Fülle von weiteren Möglichkeiten, Schalungen abzustützen, wenn z. B. Pfosten nicht möglich sind oder nicht ausreichen. Die Befestigungspunkte sollen aus Stabilitätsgründen nicht weiter als 70 cm auseinanderliegen.

Besteht die Gefahr, daß Mauerschalungen auseinandergedrückt werden, oder soll eine Betonmauer sehr regelmäßig verlaufen, empfiehlt sich der Einsatz von Spreizen, die während des Verfüllens wieder herausgenommen werden, und von **Rödeldraht oder Zwingen**, die die Schalung zusammenhalten.

Pfeilerschalungen bestehen aus vier Schaltafeln, die durch einen Brettkranz zusammengehalten werden. Der Brettkranz wird mit etwas Übermaß zusammengenagelt und an Ort und Stelle mit Holzkeilen befestigt.

Schalungen durch das Erdreich und Bretterschalungen kann man

1

2

3

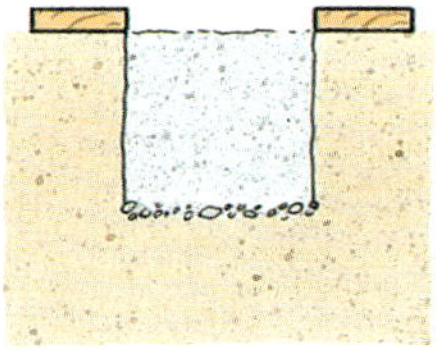

Erdschalung

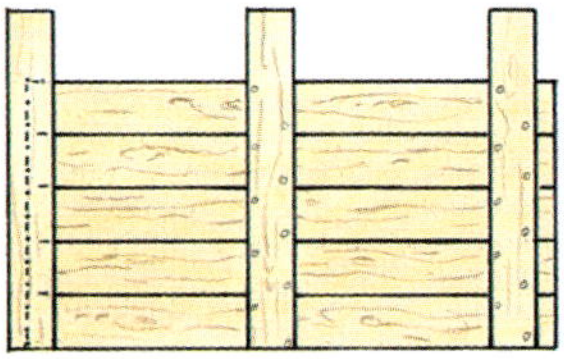

Schaltafel

Geschaltes Streifenfundament

Hohes Streifenfundament

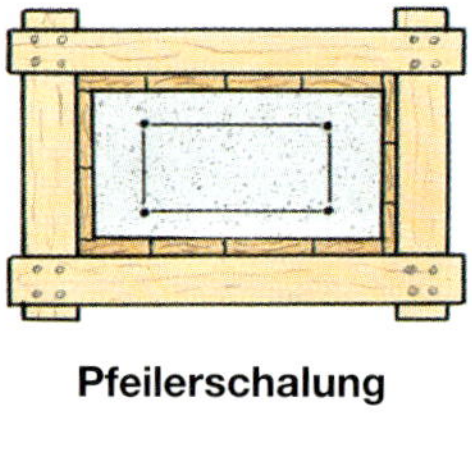

Pfeilerschalung

Einfache Treppenschalung

4

sinnvoll kombinieren: z. B. den tieferen Bereich einer Mauerschalung mit Beton ausgießen und nach dem Erhärten eine Bretterschalung anbringen. Dieses Verfahren empfiehlt sich für Streifenfundamente, die gleichzeitig als sichtbare Betonsockel dienen sollen.
Auch einfache **Treppenschalungen** kann man selbst herstellen. Wenn die Treppe genau an ihrem Platz bleiben soll, muß sie im Fall einer Außentreppe auf ein frostsicheres Streifenfundament gestellt werden.

Ausgeschalte Betonteile sind sehr scharfkantig, beim Ausschalen können Teile abbrechen. Es empfiehlt sich daher bei sichtbaren Betonteilen eine **Abfasung** der Betonkanten durch Befestigung einer Dreiecksleiste an der Schalung.

Damit sich die Schalungen besser vom Beton lösen, werden sie mit **Schalöl** bestrichen; andernfalls sollten Sie das Holz zumindest gut vornässen.

Ökotip
Verwenden Sie als Schalöl am besten biologisch schnell abbaubares Öl, z. B. Produkte mit dem blauen Engel.

Betonplatten und Streifenfundamente herstellen

Material
Betonkies, Zement oder Fertigbeton, Baustahl.

Werkzeug

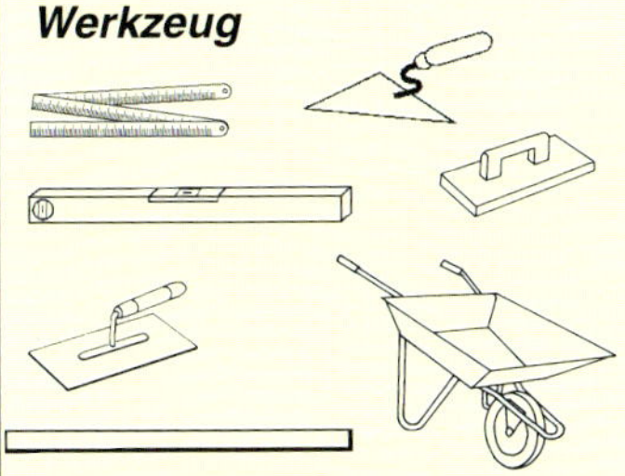

Schwierigkeitsgrad

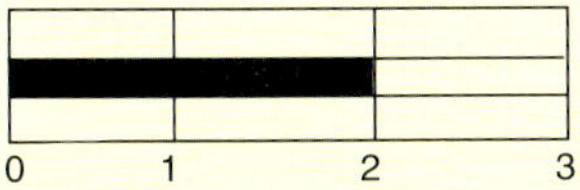

Kraftaufwand

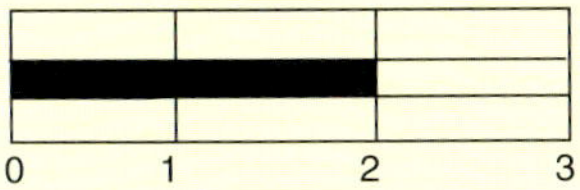

Arbeitszeit
Zum Betonieren einer 10 m^2 großen und 20 cm dicken Betonplatte benötigen Sie zu zweit etwa 3-4 Stunden.

Ersparnis
Sie sparen für diese Betonplatte ca. 400 - 600 DM.

Der Heimwerker kann eine Reihe von Betonarbeiten selbst ausführen und z. B. Betonplatten für Gehwege oder Terrassen, einfache Fundamentplatten und Streifenfundamente herstellen. Er sollte jedoch alle freitragenden Bauteile wie Betondecken und Fundamente für größere Gebäude unbedingt dem Fachmann überlassen.

Selbstgemischten Beton kann man je nach Wetter etwa eine halbe bis eine Stunde lang verarbeiten, Transportbeton mit Erstarrungsverzögerer wesentlich länger. Man sollte bei der Bestellung danach fragen. In jedem Fall sollten Sie bei größeren Betonarbeiten genügend

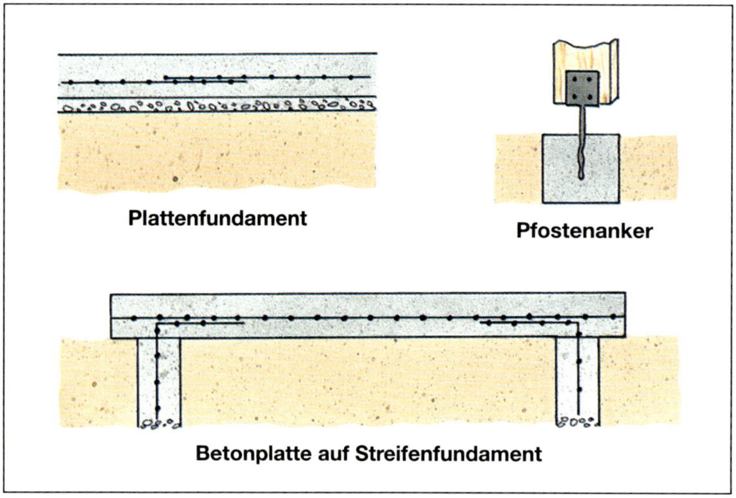

1

Helfer zur Hand haben. Müssen Sie Beton eine Weile zwischenlagern, sollten Sie ihn vor Sonneneinstrahlung schützen. Betonarbeiten dürfen nicht bei Frost oder Frostgefahr ausgeführt werden. Beton muß bei unerwartetem Frosteinbruch bis zur Erstarrung durch Abdecken geschützt werden.

In verschiedenen Fällen empfiehlt sich die Bewehrung von Beton durch Betonstahlstäbe oder -matten. Der Heimwerker kann zum Zuschneiden einen Trennschleifer verwenden. Stabstahl ist in einer Dicke von 10 mm ausreichend. Er sollte allseits mindestens 6-8 cm von Beton umgeben sein.

Verwenden Sie für alle Sichtbetonflächen die sogenannte „Robuste Mischung“, für Fundamente unter Erdreich die „Fundamentmischung“ und für alle übrigen Arbeiten die „Universalmischung“ (dazu Seite 27). Für die meisten Zwecke eignet sich plastischer oder weicher Beton.

Beton im Erdreich ruht auf einer etwa 5 cm dicken Sauberkeitsschicht aus Kies, damit der eingebrachte Beton sich nicht mit dem Erdreich vermischt.

1 Betonplatten dienen als ebener nutzbarer Untergrund, z. B. bei Terrassen, oder aber als Fundament für Mauerwerk. Sowohl größere als auch kleinere **Platten** werden nach dem gleichen Prinzip hergestellt: Das Erdreich wird genau waagrecht ausgehoben, die Begrenzungen werden eingeschalt. Soll die Platte eine Neigung erhalten, z. B. bei Terrassen, so entsteht die Neigung (etwa 1-2 cm pro Meter) nur durch die unterschiedliche Betonstärke, auch hier ist der Untergrund genau waagrecht. Die Schalung wird möglichst so hergestellt, daß die Betonfläche an der Oberkante der Schalung abgezogen werden kann. Schützen Sie bei größeren Betonarbeiten Ihre Kleidung.

Die Dicke von Betonplatten beträgt meist zwischen 15 und 20 cm. Soll die Betonplatte als Fundament dienen, z. B. für eine Garage, müssen Sie überlegen, inwieweit sie auf frostsicheren Streifenfundamenten ruhen soll: Wasser kann sich im Erdreich ansammeln und gefrieren.

2 Ist die Schalung vorbereitet, wird der Beton eingebracht, je nach Größe der Platte mit der Schaufel, der Schubkarre oder mit dem Transportfahrzeug. Der Beton wird mit der Schaufel verteilt und verdichtet. Verwenden Sie dazu einen Handstampfer oder ein Kantholz.

3 Füllen Sie die Schalung so auf, daß der Beton etwas übersteht. Nehmen Sie nun ein gerades Brett oder eine Putzlatte, und ziehen Sie die Betonfläche in Zick-Zack-Bewegungen eben ab. Glätten Sie die Fläche je nach Größe mit Reibebrett, Kartätsche oder Stielbrett. Bei kleineren Flächen können Sie auch eine Bohle über die Schalung legen und so die Betonfläche noch weiter bearbeiten.

4 Bei größeren Flächen kann man statt einer Abziehlatte auch das Stielbrett allein zum Ebnen verwenden. Ein solches Brett können Sie selbst herstellen: es ist etwa 1 m lang und 20 cm breit, die Längskanten sind abgeschrägt und abgeschmirgelt. Der Stiel wird beweglich befestigt. Es werden sich bei plastischem Beton kleinere Wasserpfützen bilden, die jedoch beim Abbinden von der Betonfläche aufgesaugt werden.

5 In manchen Fällen empfiehlt sich eine **Bewehrung** der Betonplatte, vor allem wenn die Platte als Fundament dienen soll, oder wenn der Untergrund wie bei der Terrassengestaltung nicht ausreichend stabil ist. Dazu wird eine Baustahlmatte in den Beton eingelegt, und zwar auf einem Drittel der Plattenhöhe. An den Stößen werden die Matten einfach 20 cm überlappt. Bringen Sie also in diesem Fall den Beton etwa bis zur halben Plattenhöhe ein, legen Sie die Matte ein, und füllen Sie den Beton weiter auf. Sie können dazu auch Abstandhalter verwenden.

6 **Streifenfundamente** dienen in der Regel als Fundamente für Mauerwerk. Einfache Streifenfundamente kann der Heimwerker selbst herstellen. Das einfachste Streifenfundament dient zur Aufnahme für eine Mauer auf Erdreich, z. B. wenn im **Innenbereich** nachträglich eine Mauer eingezogen werden soll. Dieses Fundament ist

3

4

2

5

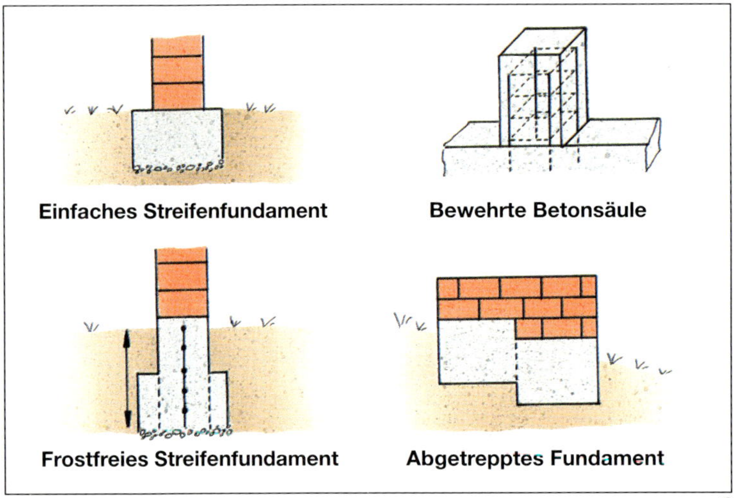

6

etwa 50 % breiter als die vorgesehene Mauer, mindestens jedoch 20 cm breit, und etwa 30 cm tief. Zur besseren Stabilität kann man bei schlechtem Baugrund Stahlstäbe einlegen und an den Stößen etwa 20 cm überlappen lassen – auf einem Drittel der Fundamenthöhe.

Streifenfundamente im **Außenbereich**, z. B. für Gartenmauern, müssen bis in frostfreie Tiefe reichen – das ist je nach den klimatischen Bedingungen etwa 80 bis 120 cm unter der Erdoberfläche – damit gefrierende Wasserlinsen das Fundament nicht sprengen oder anheben. Streifenfundamente können bis über die Erdoberfläche hochgezogen werden und als sichtbare Betonsockel oder gar als Stützmauern dienen.
Streifenfundamente, die ins Erdreich reichen, müssen meist nicht vollständig verschalt werden, denn das ist sehr aufwendig. Vor allem dann, wenn das Erdreich beim Ausheben der Fundamentgräben nicht einbricht, empfiehlt sich folgende Lösung: Heben Sie den Fundamentgraben mit dem Spaten vorsichtig aus; in vielen Fällen können Minibagger die Arbeit sehr erleichtern. Gerade beim Ausheben von Hand muß so breit gegraben werden, daß genügend Platz zum Arbeiten entsteht. Der Graben sollte genau senkrecht verlaufen, also sich auf keinen Fall keilförmig nach unten verschmälern. Ist kein sehr guter Baugrund vorhanden, wird der untere Teil des Fundaments breiter ausgeführt. Bei gutem Baugrund reicht ein Fundament in Mauerbreite aus. Nach dem Betonieren des unteren Teils und dem Erstarren des Betons erfolgt die Schalung im oberen Bereich.

7-8 Die Schalung sollte möglichst so angelegt werden, daß der Beton an der Oberkante abgezogen werden kann. Die Verdichtung erfolgt durch Stochern mit einem Kantholz (bei weichem Beton) oder durch Stampfen mit einem Handstampfer. Bei Sichtflächen muß man dabei besonders sorgfältig vorgehen. Glätten Sie die Oberfläche mit Reibebrett und Glättkelle.

9 Zur Bewehrung von hohen Streifenfundamenten kann man Streifen aus Baustahlmatten senkrecht in den Beton stecken und an den Nahtstellen etwa 20 cm überlappen lassen.

10 Eine fertige Stützmauer – etwa 1 m über Erdreich und 20 cm dick.

Fundamentsockel für Gartenmauern werden häufig mit **Betonsäulen** kombiniert. Betonsäulen werden nach der Erhärtung der Fundamente geschalt und betoniert. Eine einfache Bewehrung besteht darin, vier Stahlstäbe beim Betonieren des Streifenfundaments mindestens 20 cm tief zu verankern und die Stahlstäbe mit Draht zu verbinden und stabilisieren.

Normaler Beton muß nun für einige Tage durch Belassen in der Schalung, vollflächiges Abdecken mit einer Kunststoffolie oder durch regelmäßiges »Gießen« mit Schlauch oder Gießkanne feucht gehalten werden. So wird verhindert, daß der Beton austrocknet, bevor er seine Endhärte erreicht hat. Beton kann je nach Witterung nach etwa 2-3 Tagen, wenn man die Oberfläche mit dem Daumennagel nicht mehr einritzen kann, ausgeschalt werden.

Gehwegplatten oder Begrenzungsplatten stellen Sie mit Kies niedriger Körnung (0-8 mm) her. Der Beton ist relativ steif, wird verdichtet, mit dem Reibebrett abgerieben, mit der Traufel geglättet und gegebenenfalls vor dem Erstarren mit Besen oder Riffelwalze strukturiert. Holzbalken für Holzkonstruktionen im Außenbereich werden zum besseren Schutz vor Fäulnis nicht direkt einbetoniert, sondern auf **Pfostenankern** montiert. Für solche Kleinfundamente reicht meist eine Seitenlänge von 20 cm und eine Tiefe von 30 cm aus.

Unbewehrte Streifenfundamente sollten im Abstand von etwa 5 m **Dehnungsfugen** erhalten, z. B. indem man einen Streifen Preßpappe fixiert und die Schalung von beiden Seiten vorsichtig füllt. Betonplatten sollten auch gegenüber festen Bauwerken Dehnungsfugen erhalten, z. B. durch Bitumenfilzstreifen. Freiliegende Platten sollten nur bis maximal 6 x 6 m ohne Dehnungsfuge hergestellt werden.

8

9

7

10

Estrich herstellen

Ein Estrich ist eine feste, ebene Fußbodenschicht, die direkt als begehbare Fläche oder als Untergrund für Fliesen oder Teppichbeläge dient. Im folgenden wird ein Zementestrich hergestellt.

1 Als **Verbundestrich** bezeichnet man einen Estrich, der direkt auf den Untergrund aufgebracht wird. Ein **schwimmender Estrich** ist ein Estrich, der auf einer Dämmschicht zu liegen kommt: Er berührt weder Decke noch Wand. Der **Estrich auf Trennschicht** liegt auf einer Feuchtigkeitsisolierung. Ein **Gefälle-Estrich** ist ein Estrich, der mit leichtem Gefälle verlegt wird

Material

Mörtelsand der Körnung 0-7 mm, Zement oder Fertigmörtel.

Werkzeug

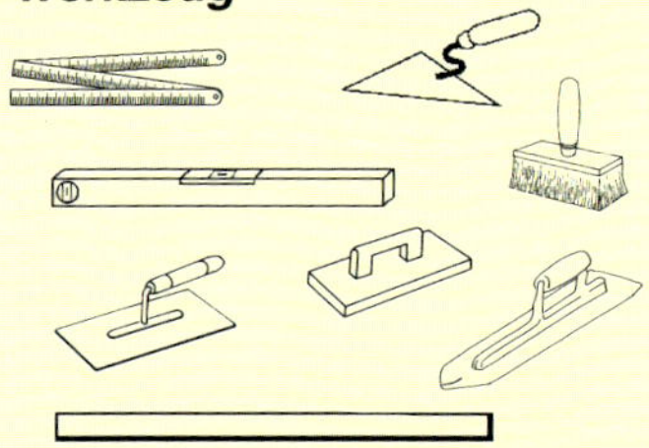

Schwierigkeitsgrad

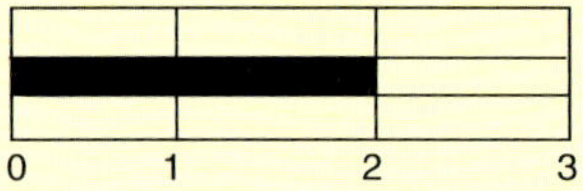

Kraftaufwand

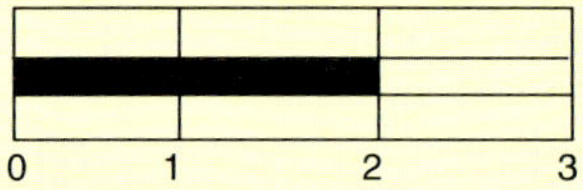

Arbeitszeit

Für die Verlegung eines Estrichs von 20 m² benötigen Sie zu zweit etwa 5 Stunden.

Ersparnis

Sie sparen für jeden Quadratmeter Estrich ca. 40 DM.

(etwa 1-2 cm pro Meter), um Wasser abzuführen.

Der Estrich besteht aus Zementmörtel in der Mischung 1 Raumteil Zement, 3 Raumteile Sand der Körnung 0-8 mm und ist daher dem Beton ähnlich. Für selbstgemischten Mörtel gibt es Mörtelzusätze, die die Abriebfestigkeit oder die Verarbeitbarkeit verbessern. Estrichmörtel gibt es auch als Trockenmörtel oder als nassen Fertigmörtel in Kübeln.

***2* Estrichmörtel** ist ein vergleichsweise trockener Mörtel, so trocken, daß Schnitte mit der Kelle unverändert bestehenbleiben. Estrichmörtel erfordert daher ein intensives und langes Durchmischen mit der Mischmaschine, bei kleineren Mengen mit dem Mörtelquirl, damit Sandnester verschwinden. Wird der Mörtel zu naß, bilden sich beim Abziehen kleine Wasserpfützen, die nicht nur die Weiterverarbeitung erschweren, sondern auch keine harte Oberfläche ergeben.

Damit der Estrich schön eben wird, verwenden Sie bei allen größeren Flächen eine Lehre aus entsprechenden Kanthölzern, die Sie auf dem Untergrund verlegen und

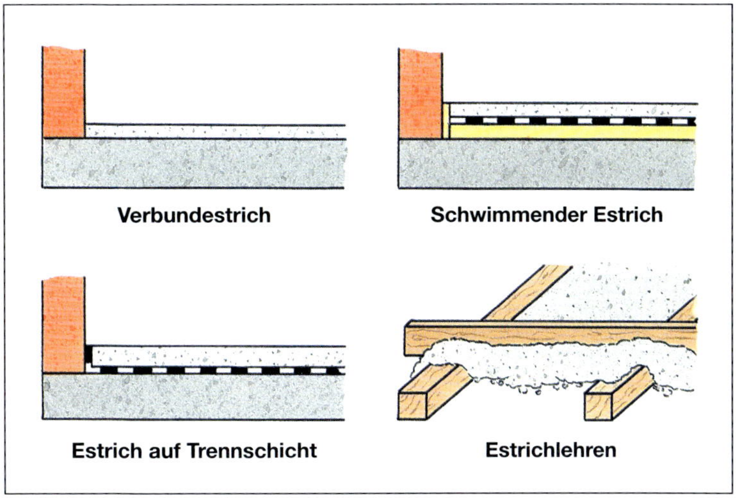

1

waagrecht ausrichten. Markieren Sie dazu gegebenenfalls die Estrichhöhe an den Wandflächen. Unterfüttern Sie die Kanthölzer mit kleinen Holzkeilen, damit Höhe und Waagrechte stimmen. Teilen Sie dabei die Gesamtfläche in Arbeitsabschitte ein. Verwenden Sie nur kürzere Kanthölzer (z. B. 1,5-2 m), die Sie später abschnittweise herausnehmen können.

Verbundestriche liegen direkt auf der Rohbetonplatte und sollten mindestens 3 cm dick sein. Tragen Sie unmittelbar vor dem Auslegen der Lehren zur Verbesserung der Haftung eine flüssige Wasser-Zement-Schlämme oder eine fertige Haftbrücke auf. Bringen Sie nun den Mörtel in die Zwischenräume der Estrichlehren ein, und verdichten Sie ihn mit der Kelle. Arbeiten Sie in kleineren Abschnitten von 1-3 m².

3-4 Tragen Sie den Mörtel in leichter Überhöhung auf, und ziehen Sie den überstehenden Mörtel mit einem geraden Brett oder einer Putzlatte in Zick-Zack-Bewegungen ab. Verfüllen Sie Fehlstellen, und wiederholen Sie den Arbeitsgang. Nehmen Sie nun die

2

3

4

Kanthölzer und Keile vorsichtig weg, verfüllen Sie die Fehlstellen, und ziehen Sie die Oberfläche mit einem kurzen Brett ab.

5 Nehmen Sie nun ein größeres Reibebrett, lassen Sie es vollflächig aufliegen, und glätten Sie den Estrich mit leichtem Druck und kreisenden, unverkrampften Bewegungen. Entstehen dadurch leichte Vertiefungen, füllen Sie diese auf.

6 Glätten Sie nun die Oberfläche mit der Glättkelle, besser mit einer Estrichkelle, indem Sie die Kelle auf einer Seite leicht anheben und mit sanftem Druck über die Estrichfläche führen. Der Estrich wird nun glänzend.

7 Wenn Sie eine besonders feste und glatte Oberfläche wünschen,

5

können Sie die feuchte Oberfläche entweder mit der Hand oder durch ein altes Sieb mit Zement bestreuen und mit der Estrichkelle oder Glättkelle in die Estrichoberfläche einstreichen. Für sehr widerstandsfähige Oberflächen können Sie so etwa ein Kilo Zement pro Quadratmeter Estrichfläche einarbeiten. Es entsteht nun eine sehr feine und harte Oberfläche. Wird die Oberfläche zu trocken, spritzen Sie mit den Fingern einige Tropfen Wasser darauf.

Verfahren Sie mit Ihren weiteren Arbeitsabschnitten genauso, bis der Estrich fertig ist.

Ein **Estrich auf Trennschicht** liegt auf einer feuchtigkeitssperrenden Schicht in Form einer stabilen Kunststoffolie oder einer bituminösen Dichtungsbahn. Die Bahnen lassen Sie an den Stößen 10-15 cm überlappen. Die Bahnen werden seitlich an den Rändern bis zur Estrichoberfläche hochgezogen und dort später sauber abgeschnitten. Ein solcher Estrich eignet sich für erdberührende Rohböden, die leicht feucht sind. Ist von unten Nässe zu erwarten, müssen die Dichtungsbahnen verschweißt werden. Der Arbeitsablauf entspricht exakt dem herkömmlichen Estrich: Die Estrichdicke sollte auf jeden Fall mindestens 3 cm betragen.

***8* Schwimmende Estriche** liegen auf einer durch Herstellerangaben dafür ausdrücklich geeigneten und genügend belastbaren Trittschalldämmplatte oder wärmedämmenden Schicht aus Mineralfasern, Kunststoffen oder natürlichen Dämmstoffen. Der Dämmstoff wird lückenlos ausgelegt, der Rand mit speziellen Randdämmstreifen ausgebildet. Damit das Mörtelwasser den Dämmstoff nicht durchfeuchtet, wird er mit einer Kunststoffolie abgedeckt. Der Dämmstoff sollte nur auf Bohlen begangen werden, weil er hohe punktförmige Belastungen nicht aushält. Der Arbeitsablauf ist ähnlich wie bei Verbundestrichen. Der Estrich sollte mindestens 4 cm dick sein. Bei zu erwartenden höheren Belastungen kann man etwa auf halber Höhe ein Estrichgitter einbringen, das an den Stößen etwa 10 cm überlappt.

Schützen Sie Estriche vor direkter Sonnenbestrahlung und Zugluft, im Freien auch vor Regen und Frost. Halten Sie den Estrich beispielsweise durch Abdecken mit Folie feucht. Sie können den Estrich auf Bohlen nach einigen Tagen begehen. Zur vollständigen Aushärtung benötigt er bis zu vier Wochen.

9 Der Handel bietet schnellhärtende Fertigestriche an, die bereits in wenigen Stunden aushärten. Beachten Sie bei allen Fertigprodukten die Angaben der Hersteller.

Das Verlegen von größeren Estrichflächen erfordert eine gewisse Übung, zumindest wenn man sehr hohe Ansprüche an die Ebenheit stellt. In vielen Fällen können Sie auch auf sogenannte Trockenestriche zurückgreifen. Das sind Elemente auf der Basis von Gips oder Holzfasern, die mit Nut-und-Feder-Verbindungen mit geeigneten Leimen verlegt werden.

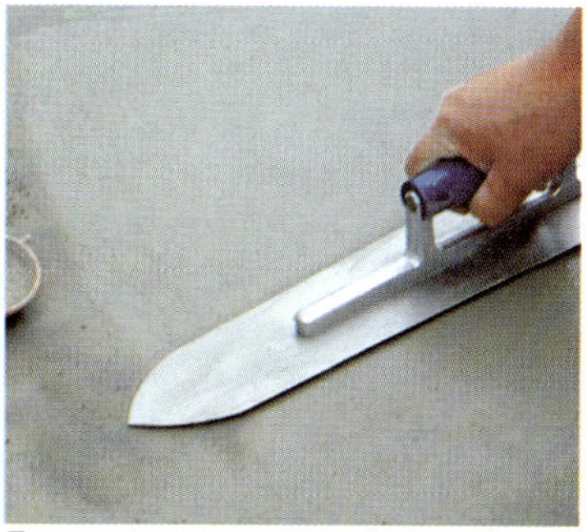

7

8

6

9

Beton und Estrich ausbessern

Für solche Ausbesserungsarbeiten verwendet man häufig Fertigprodukte auf Zementbasis, die besondere Eigenschaften aufweisen: Sie sind meist feinkörnig, besonders widerstandsfähig und zum Teil auch schnell erhärtend. Achten Sie bei allen Fertigprodukten auf die Verarbeitungshinweise der Hersteller.

Daneben können Sie Reparaturmörtel auch selbst mischen. Sie nehmen dazu unterschiedliche Sandkörnungen, die Sie selbst aussieben: für gröbere Ausbesserungsarbeiten etwa 0-7 mm, für geringere Schichtdicken etwa 0-4 mm und für Feinarbeiten 0-1 mm (z. B. abgepackten Quarzsand). Man mischt in der Regel 1 Raumteil Zement mit 3 Raumteilen Sand, bei hochbelasteten Stellen im Freien 1 Raumteil Zement mit 2 Raumteilen Sand.

1 Von ganz wichtiger Bedeutung ist die Vorbereitung des Untergrunds: Er muß fett-, schmutz- und staubfrei sein. Schaffen Sie für den Mörtel eine gute **Auflagefläche**, indem Sie Ränder etwas vertiefen oder an belasteten Stellen wie Treppenkanten eine waagrechte Auflage für die Reparaturmasse schaffen.

Material

Beton, Estrichmörtel oder entsprechende Reparaturmassen.

Werkzeug

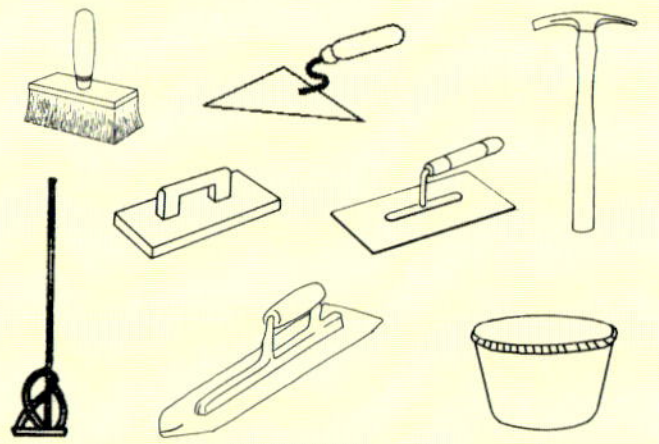

Schwierigkeitsgrad

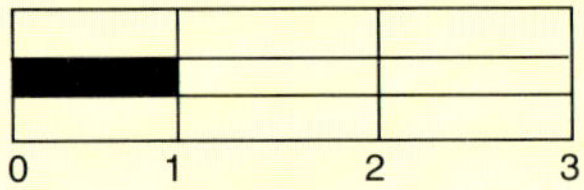

Kraftaufwand

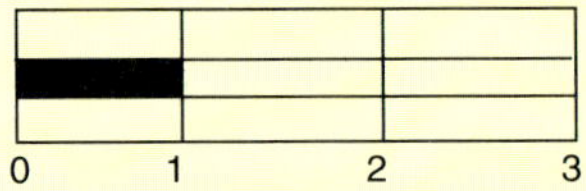

Arbeitszeit

Für die Herstellung einer sauberen Oberfläche mit Ausgleichsmassen benötigen Sie für rund 10 m² etwa 2 Stunden.

Ersparnis

Sie ersparen beim Ausgleich dieser 10 m² großen Fläche etwa 100 DM.

2 Damit Mörtel und Reparaturmassen auf dem Untergrund ausreichend Haftung entwickeln, muß man in allen Fällen einen **Haftvermittler** einsetzen. Bei Fertigmassen nimmt man das vom Hersteller empfohlene Produkt.

Wenn Sie mit selbstgemischten Mörteln ausbessern wollen, können Sie auch eine Zementschlämme (1 Liter Wasser, 2 kg Zement) herstellen. Nässen Sie den Untergrund vor, und lassen Sie das Wasser gut einwirken. Tragen Sie mit einer Bürste die Schlämme auf den noch feuchten Untergrund auf, und bringen Sie anschließend auf die noch feuchte Zementschlämme den Mörtel auf.

3 Für die Ausbesserung von belasteten Betonkanten wie **Treppenstufen** verwenden Sie am besten dafür geeignete fertige Reparaturmörtel.

4 **Fließestriche** und **Bodenausgleichsmassen** dienen zum Glätten und Ausgleichen von Unebenheiten, z. B. vor der Verlegung von Fußbodenbelägen. Sie können in geringen Schichtdicken von 1-5 mm aufgetragen werden. Diese Fertigmörtel werden vergleichsweise dünnflüssig angerührt, auf den Untergrund gegossen und mit einer Glätt- oder Estrichkelle verteilt. Die Oberfläche glättet sich dabei weitgehend von selbst. Da diese Massen nicht gerade billig sind, lohnt sich der Auftrag nur in dünnen Schichten.

An freiliegendem **Baustahl** muß der Rost auf der Oberfläche so gut wie möglich entfernt und mit einem geeigneten Mittel neutralisiert werden. Anschließend wird die Schadstelle dicht verspachtelt.

Sicherheitstip
Überlassen Sie umfangreichere Sanierungen von Baustahl in tragenden Bauteilen aus Sicherheits- und Gewährleistungsgründen immer einem Fachmann.

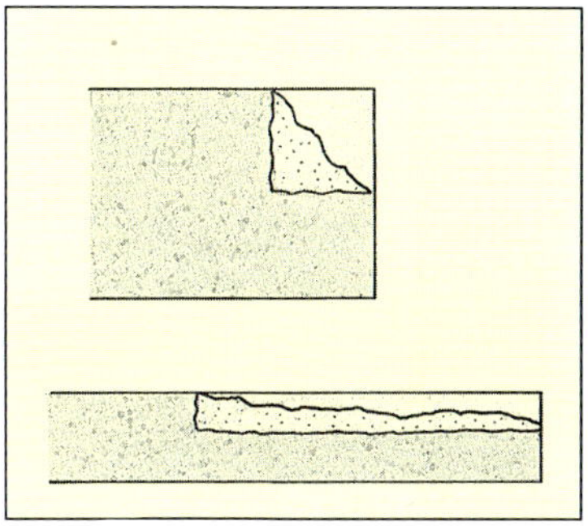

1

2

3

4

Putz auftragen und strukturieren

Putz ist eine aus Mörtel bestehende Verkleidungsschicht. Er soll das Mauerwerk schützen und optisch verschönern. Es gibt eine Vielzahl von Möglichkeiten, Putze aufzubauen und zu strukturieren. Im folgenden erlernen Sie den Auftrag von herkömmlichen, handelsüblichen Putzen und Fertigputzen.

1 Die Abbildung zeigt einige Werkzeuge, die Ihnen Putzarbeiten erleichtern: ein mittleres und ein kleines Reibebrett, eine Glättkelle, ein Schwammbrett, eine Abziehlatte und ein Schleifbrett.

Herkömmliche Putze sind **mehrlagige Putze**. Sie bestehen aus

Material

Mörtelsand und Zement oder Fertigmörtel.

Werkzeug

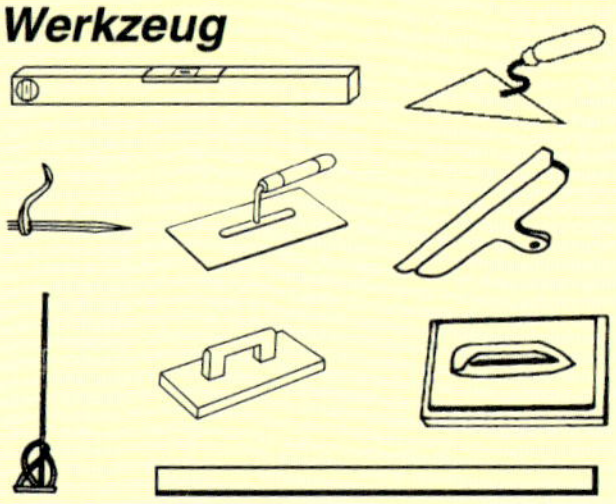

Schwierigkeitsgrad

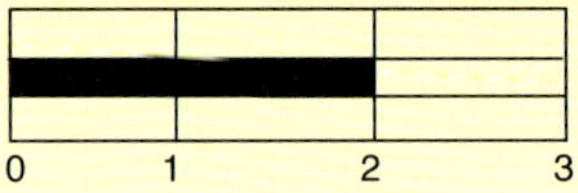

Kraftaufwand

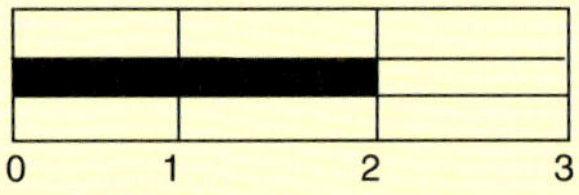

Arbeitszeit

Für 1 m² Putz benötigen Sie je nach Wandoberfläche und Putzaufbau mit Vorbereitungsarbeiten etwa 1 Stunde.

Ersparnis

Für 1 m² sparen Sie etwa 30 bis 40 DM.

Spritzbewurf (etwa ½ cm), Unterputz (etwa 1 cm) und Oberputz, mit dem sich strukturierte oder glatte Oberflächen erzielen lassen (0,2-1 cm). Daneben gibt es **einlagige Putze**, meist in geringerer Dicke. Die klassischen Putzaufbauten für mehrlagige Putze, ihre Einsatzbereiche und die dazugehörigen Mörtelmischungen finden Sie auf Seite 23. In vielen Fällen empfiehlt sich der Einsatz von Fertigmörteln. Zementputz läßt sich vor allem als Fertigprodukt für den Heimwerker gut verarbeiten.

Für das Auftragen von Putz sollten Sie folgende Grundregeln beachten:

- Der Untergrund muß farb-, schmutz-, fett- und schalölfrei sein und mit einem groben Besen von Staub befreit werden.
- Neubauten sollten erst verputzt werden, wenn die Setzungen abgeklungen sind, also einige Wochen nach Fertigstellung des Rohbaus.
- Selbstgemischte Mörtel kann man je nach Witterung bis zu einer Stunde, Fertigmörtel zum Teil auch länger verarbeiten.
- Saugfähige Untergründe müssen vorgenäßt werden, damit dem Mörtel nicht zu schnell Anmachwasser entzogen wird. Stark saugende Untergründe (Lochziegel, Kalksandstein, Porenbeton) muß man reichlich, weniger saugfähige (bestimmte Ziegelsorten) und gering saugfähige (Beton, Beton- und Leichtbetonsteine) entsprechend weniger vornässen. Bei heißer Witterung ist stärker vorzunässen als bei kalter. Der Putzgrund soll sich beim Auftrag der jeweiligen Putzlage noch feucht anfühlen. Der Putz soll auf jeden Fall einige Minuten an der Wand bearbeitbar sein.
- Putz darf nicht bei Frostgefahr aufgetragen werden. Er muß bis zum Erstarren vor Regen geschützt werden und darf möglichst auch nicht bei praller Sonnenbestrahlung aufgebracht werden.
- Verputzen Sie Decken nur, wenn Sie einige Übung haben und verwenden Sie dazu nur einlagige Putze und gutes Werkzeug.
- Üben Sie alle Arbeitsgänge zuerst an kleinen Flächen.

2 Mörtel haben unterschiedliche **Konsistenzen**. Spritzbewurf ist flüssig, Putzmörtel dagegen eher sämig; eine mit der Kellenspitze gezogene Furche bleibt in den Umrissen bestehen. Rühren Sie den Mörtel immer gut durch, damit die jeweils gewünschte, gleichmäßige Konsistenz erreicht wird.

1

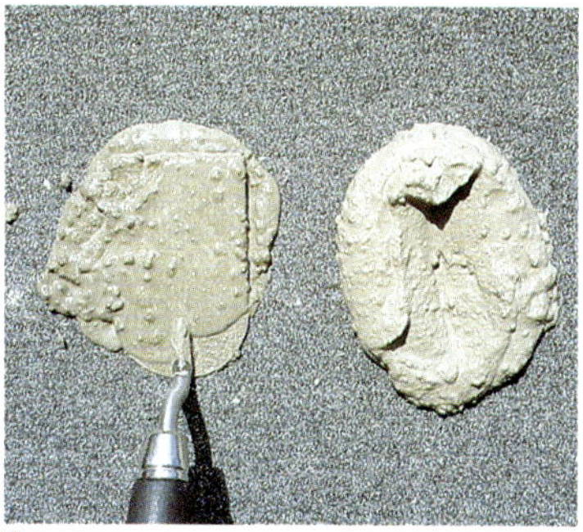

2

3

4

5

6

3-5 Tragen Sie beim **dreilagigen** Putzaufbau nach dem entsprechend satten Vornässen den Spritzbewurf, einen flüssigen Zementmörtel der Mischung 1 Raumteil Zement und 3 Raumteile Sand, Körnung etwa 0-7 mm, auf. Dünnflüssiger Mörtel ergibt einen halbdeckenden (für normales Mauerwerk), flüssiger einen deckenden Spritzbewurf (für älteres und Mischmauerwerk). Der Spritzbewurf bietet dem Putz durch seine warzenförmige Struktur eine gute Haftung, andererseits setzt er die Saugfähigkeit von Mauerwerk herab.

6 Werfen Sie den **Spritzbewurf** mit einer Rechteckkelle an. Stellen Sie sich dazu so an die Wand, daß die Längsseite der Kelle parallel zur Wand verläuft. Ziehen Sie die Kelle hoch oder zur Seite und geben Sie dem Mörtel gleichzeitig einen Schwung Richtung Mauer. Das erfordert einige Übung, doch kommt es hier nicht so sehr auf Schönheit an. Sie können den Unterputz auftragen, wenn sich der Bewurf mit dem Finger nicht mehr verreiben läßt – eventuell noch am gleichen Tag, bei nasser und kalter Witterung meist erst am nächsten Tag.

7

7 Tragen Sie nun den **Unterputz** auf. Nässen Sie dazu die Mauerfläche mit Spritzbewurf wieder ausreichend vor. Der Unterputz soll Unregelmäßigkeiten ausgleichen und einen ebenen Untergrund für den Oberputz schaffen. Sehr große Unebenheiten (Vertiefungen von mehr als 3 cm) sollte man am Tag vor dem Auftrag des Putzes ausgleichen, damit man einen gleichmäßigen Putzgrund erhält.
Werfen Sie den Putz mit der Kelle wie beim Spritzbewurf fladenförmig an. Als Heimwerker tragen Sie den Putz besser schichtweise mit der **Glättkelle** auf.

8 Nehmen Sie nun ein gerades Brett (8 cm breit) mit scharfer Kante oder eine Putzlatte, und ziehen Sie die Mörtelüberstände in Zick-Zack-Bewegungen ab.

9 Verfüllen Sie Fehlstellen, bis Sie eine ebene Oberfläche vor sich haben. Nehmen Sie nun das Reibebrett (mittlere Größe), nässen Sie es an und reiben in kreisenden Bewegungen die Putzfläche eben; dabei wird sie auch verdichtet.

10 Meist tritt beim Abreiben leicht glänzender Bindemittelleim an die Oberfläche, der die Haftung des Oberputzes erschwert. Rauhen Sie daher vor dem vollständigen Erstarren des Unterputzes die Oberfläche auf, am besten mit sehr grobem Schleifpapier.

11 Bei allen größeren Flächen setzt man **Putzlehren** ein, um eine möglichst gleichmäßige Oberfläche zu erzielen. Für den Heimwerker eignen sich hier etwa 8 mm dicke gerade Latten oder geeignete Metallputzleisten, die mit dem Putz- und Maurerhaken so befestigt werden, daß man den Mörtel anhand dieser Lehren schön gleichmäßig abziehen kann. Entfernen Sie vor der Befestigung grobe Körner des Spritzbewurfs, und richten Sie diese Latten mit der Wasserwaage aus. Der Abstand untereinander beträgt meist 1,20-1,80 m. Mit breiteren Latten lassen sich auch scharfkantige Ecken ausbilden.

12 Auch **Fenster** putzt man mit Hilfe solcher Lehren ein. Achten Sie auf eine leichte Abschrägung der Laibung zum Fenster hin. Bei Fensterbögen können Sie als Lehre Preßpappenstreifen verwenden.

Eckschutzschienen sind meist nur dort nötig, wo wirklich mit Beschädigungen der Ecken zu rechnen ist (Bild auf Seite 82). Diese Schienen werden mit Ansetzmörteln befestigt (notfalls mit Normalmörtel und Gipszusatz).

Die Putzstruktur entsteht durch den **Oberputz.** Das ist im Außenbereich mit Ausnahme der Fensterlaibungen ein strukturgebender Putz, im Innenbereich meist ein Feinputz. Strukturgebender Oberputz hat meist eine Dicke von etwa 0,5 bis 1 cm. Achten Sie bei der

9

10

8

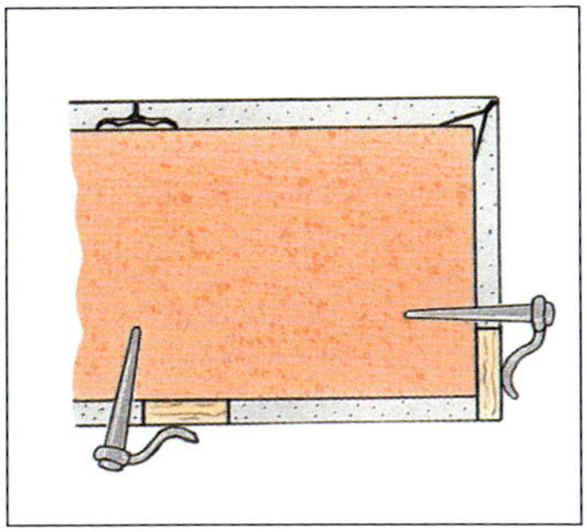

11

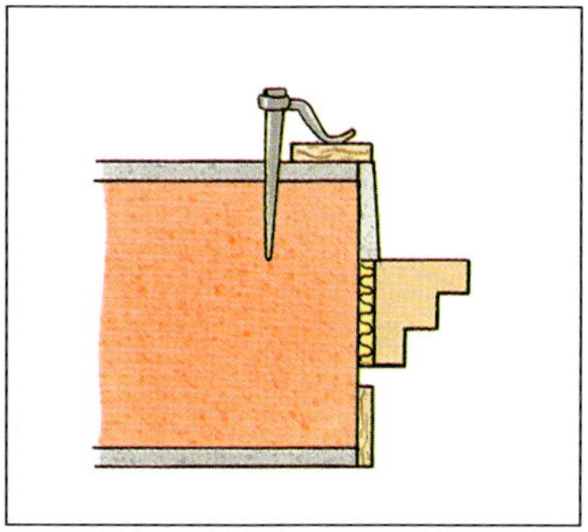

12

13

14

Auswahl der Oberputze auf die Verarbeitung: Spritzputze und grobe Reibeputze muß man mit der Kelle anwerfen, und sind daher schwerer zu verarbeiten, Kellenstrich- und feinkörnige Reibeputze (Fertigputze) kann man mit der Traufel aufziehen.

13 Zum Ebnen von allen Oberputzfläche eignet sich die Fassadenspachtel besonders gut.

14 Der **Kellenstrichputz** entsteht, indem man in den noch gut feuchten geschmeidigen Mörtel mit der Kelle oder mit der Traufel Strukturen eindrückt.

15 Die Struktur der **Reibeputze** entsteht durch Zugabe von kleineren oder größeren Körnern. Fertigmörtel können Sie mit der Traufel auftragen und ausgleichen. Selbstgemischte Mörtel gröberer Struktur muß man meist anwerfen. Die Struktur entsteht, wenn man nach dem Auftrag und Ausgleich das Reibebrett auf den Putz drückt und es bewegt. So werden die Steinchen verrückt. Es entstehen durch waagrechte, senkrechte oder kreisende Bewegungen wurmartige Strukturen. Reibeputze sollte man für umfangreichere Putzarbeiten als Fertigputze beziehen.

15

16 **Feinputz** hat die Funktion eines Oberputzes und ergibt eine glatte Oberfläche, die auch tapeziert werden kann. Feinputz bezieht man als Fertigmörtel für den Innen- oder Außenbereich. Feinputz (sahneartige Konsistenz) wird mit der Traufel nach ausreichendem Vornässen in einer Dicke von 1-2 mm auf den Untergrund aufgezogen. Sandkörner des Unterputzes dürfen sich nicht mehr verreiben lassen, da sonst rauhe Stellen entstehen. Egalisieren Sie die Oberfläche mit der Traufel oder Fassadenspachtel.

17 Warten Sie, bis der Putz zieht, d. h. bei der Berührung mit dem Fingerrücken nicht mehr klebt, aber beim Eindrücken noch nicht erhärtet ist. Nehmen Sie das gut feuchte, aber nicht tropfnasse Schwamm- oder Filzbrett, und glätten Sie den Putz unter nicht zu hohem Druck, mit kreisförmigen Bewegungen. Tauchen Sie das Schwammbrett von Zeit zu Zeit ins Wasser, vor allem bei bereits zu trockenen Oberflächen, z. B. wenn der Untergrund unterschiedlich saugfähig ist. Bessern Sie an Fehlstellen nach.

Neben herkömmlichen Putzen gibt es **einlagige Putze**, die meist nach einer Grundierung in einer Schicht von wenigen Millimetern aufgetragen werden. Die meist kunststoffhaltigen Putze erfordern bei dünnem Auftrag eine besonders gleichmäßige Wandoberfläche und können nach Angaben des Herstellers strukturiert werden. Dagegen erfordern einlagige Innenputze auf Gipsbasis meist einige Übung.

18-19 **Putzträger** wie Rippenstreckmetall und Ziegeldrahtgewebe („Ziegelrabitz“) setzt man dort ein, wo der Untergrund für einen Putz nicht geeignet ist, z. B. zum **Überputzen von Holzteilen**. Die Holzteile werden durch Ölpapier oder Bitumenpappe vor dem Mörtelwasser geschützt. Das Holzteil wird auf beiden Seiten 10 bis 15 cm mit Putzträger überspannt. Die Befestigung mit Stiften darf nur in den Mörtelfugen, nicht auf dem Holz erfolgen.

Holzwolle-Leichtbauplatten sind stabile Putzträger, die man wie Mauerwerk verputzen kann. Sie erhalten an den Stoßstellen einen Metallgitterstreifen, den man mit dem Reibebrett in die Oberfläche eindrückt, damit sich keine Risse bilden. Stoßstellen zu Mauerwerk überbrückt man mit Rippenstreckmetall oder Ziegeldrahtgewebe.

Putzarmierungen in Form von Glasfasergewebe dienen je nach Ausführung zur Stabilisierung von Putzschichten. Sie werden vor allem auf Mischmauerwerk oder zur Überbrückung von feinen Rissen verwandt.

16

17

18

19

Putzschäden ausbessern

Zum Ausbessern von Putzflächen eignen sich vor allem **Fertigmörtel**, da man sie auch in kleinen Mengen beziehen kann. Zum Ausbessern werden normalerweise die gleichen Mörtelgruppen verwendet wie für herkömmliche Putze, also Kalkputze für den Innenbereich, Kalkzementputze für außen und innen und Zementmörtel für erdberührendes Mauerwerk und im Sockelbereich. Daneben gibt es für kleinere Ausbesserungen eine Reihe von Universal-Spachtelmassen. **Haftputze** für innen (Kalk-Gips) und außen (Kalk-Zement) entwickeln eine hohe Haftkraft, können auch in geringen Stärken von wenigen Millimetern aufgetragen werden und eignen sich daher auch für schwierige Untergründe. Sie werden nach Angaben der Hersteller einlagig aufgetragen und ähnlich wie Feinputz mit dem Schwammbrett geglättet. Sie benötigen keinen Spritzbewurf, auf manchen Untergründen jedoch Grundierungen. Natürlich können Sie Mörtel für Ausbesserungsarbeiten wie herkömmliche Putze auch selbst mischen. Zum Ausbessern von Putzen eignen sich kleine Maurer- oder Stukkateurkellen.
Beachten Sie bei Ausbesserungs-

Material

Mörtelsand mit den entsprechenden Körnungen, Bindemittel oder geeignete Fertigmörtel.

Werkzeug

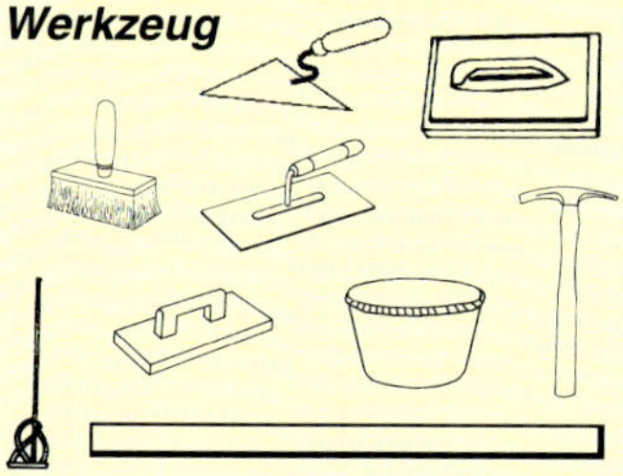

Schwierigkeitsgrad

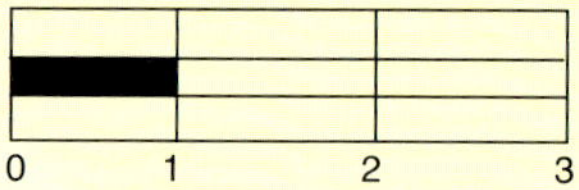

Kraftaufwand

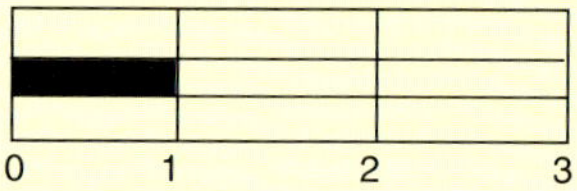

Arbeitszeit

Zum Abschlagen und Erneuern von 1 m² Putz benötigen Sie etwa 2 Stunden.

Ersparnis

Für das Erneuern solcher Putzflächen sparen Sie sich pro Quadratmeter ca. 40 - 60 DM.

arbeiten folgende Grundregeln:

- Schlagen Sie lockeren und mürben Putz ab. Lockerer Putz klingt beim Abklopfen hohl.
- Säubern Sie den Untergrund von Schmutz, Öl und allen Farbschichten, entfernen Sie Staub mit einem Besen, und nässen Sie die Fläche vor dem Mörtelauftrag vor.
- Vor dem Ausbessern von Putzen sollten Sie gegebenenfalls die Ursache der Schäden wie andauernde Nässeeinwirkung beseitigen.

1 Bei kleineren Putzflächen können Sie auf einen **Spritzbewurf** verzichten, wenn Sie das Mauerwerk vornässen und den verdünnten Putzmörtel für den Unterputz oder eine Wasser-Zement-Schlämme mit einer alten Bürste in den Untergrund einschlämmen. Für größere Flächen empfiehlt sich die Aufbringung eines herkömmlichen Spritzbewurfs.

Nach dem Spritzbewurf können Sie bei **glatten Oberflächen** – wie beim herkömmlichen Verputzen – einen geeigneten Unterputz und nach der Erhärtung einen Feinputz aufbringen. Einfacher ist bei kleineren Flächen die Verwendung von feinkörnigen Mörteln und die Aufbringung in einer Lage. Dazu eignen sich Haftputze und bestimmte Maschinenputze. Glätten Sie diese Putze mit dem Schwammbrett, und schleifen Sie gröbere Körner nach dem Erstarren ab.

2 Bei **strukturierten Oberflächen** müssen Sie nach dem Spritzbewurf einen **Unterputz** aufbringen und ihn mit einer kurzen Leiste und dem Reibebrett so bearbeiten, daß sich mit dem anschließenden Oberputz eine ebene Fläche ergibt.

3 Nun gilt es, die Struktur des **Oberputzes** zu erkennen. Bei Spritz- und Reibeputzen bestimmt die Menge und Abmessung des größten Korns die Putzstruktur. Sie können versuchen, dem Mörtelsand solche gröberen Steine zuzugeben, hier können Sie beliebig experimentieren. Sie können auch versuchen, einen ähnlichen Strukturputz als Fertigputz zu erhalten – das ist in der Regel die zeitsparendere Lösung.

4 Wollen Sie mit der Putzausbesserung gleichzeitig größere **Vertiefungen** oder Löcher verschließen, so sollten Sie kleine, saugfähige Steinstückchen mitvermauern. Sie binden einen Teil des Anmachwas-

1

2

3

4

5

6

sers, geben dem feuchten Mörtel mehr Stabilität und verhindern Risse in dicken Mörtelschichten.

5 Abgebrochene **Mauerecken** bessern Sie aus, indem Sie etwas verdünnten Mörtel in den Untergrund einarbeiten und den feinkörnigen Reparaturmörtel aufbringen. Dabei können Sie die Traufel so an die Ecke halten, daß sie als Schalung dient. Anschließend glätten Sie den Mörtel mit dem Schwammbrett.

6 Noch sichtbare **Übergänge** von altem zu neuem Putz können Sie mit einem feuchten Pinsel meist sehr gut ausgleichen.

Profitip
Kleine Mengen Feinputz können Sie selbst herstellen, indem Sie mit einem alten Sieb feinen Sand aussieben und ihn wie den Unterputz anmischen.

Bei **Spannungsrissen** entfernen Sie den alten Putz, bei kleineren Rissen mindestens 5 cm, bei größeren 10 cm nach beiden Seiten. Bei kleineren Rissen legen Sie spezielle Gazestreifen in eine dünne Mörtelschicht, größere Risse überspannen Sie beidseitig mit Streckmetall. Die Rippen liegen dabei quer zum Riß.

Bei **Mauerbögen** muß lockerer Fugenmörtel vor dem Verputzen entfernt und mit der Fugenkelle Kalk-Zement-Mörtel eingepreßt werden. Lockere Steine sichern Sie bis zur Erhärtung des Mörtels mit kleinen Holzkeilen.

Zum Ausgleich von größeren unregelmäßigen Putzoberflächen können Sie **Streichputze** einsetzen, z. B. wenn Sie nicht tapezieren möchten. Das sind im Grunde Farben mit einem Anteil von Quarzsand, der nach dem Streichen rauhe Oberflächen füllt. Einfachen Streichputz können Sie selbst herstellen, indem Sie hochwertiger Farbe, z. B. Dispersionsfarbe, Quarzsand beimischen (maximal 4 Liter Sand auf 12 Liter Dispersion).

In manchen Fällen lohnen sich Ausbesserungen nicht mehr, z. B. wenn in alten Kellern nach dem Entfernen des alten Putzes sehr unregelmäßiges Mauerwerk vorhanden ist. In vielen Fällen ist nach dem Entfernen des Putzes das **Vormauern** einer wenige Zentimeter dicken Wand aus Porenbeton und die Hinterfüllung mit Mörtel eine sehr gute Lösung.

So entsteht ein Haus im Eigenbau

Bei entsprechender Planung und Beratung kann ein engagierter Heimwerker auch ein ganzes Haus im Eigenbau erstellen und dabei beachtliche Summen einsparen. Voraussetzung ist jedoch, daß er über die entsprechende Zeit verfügt und kompetente Berater zur Seite hat. Denn die Baubestimmungen sind vielfältig und die baulichen Voraussetzungen unterschiedlich. Nicht zuletzt kennt der Fachberater viele Kniffe und Tricks, auch im Umgang mit Behörden.

Was für größere Gebäude gilt, gilt sinngemäß auch für kleinere Bauvorhaben wie Garagen, Gartenhäu-

Material
Das Material ist abhängig von Art und Umfang der geplanten Eigenleistung.

Werkzeug

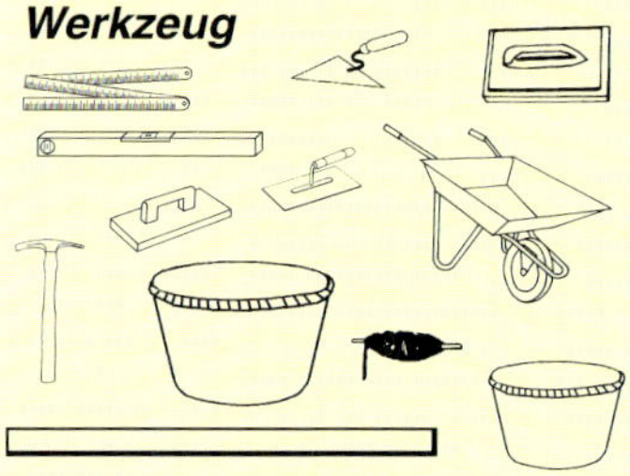

Schwierigkeitsgrad

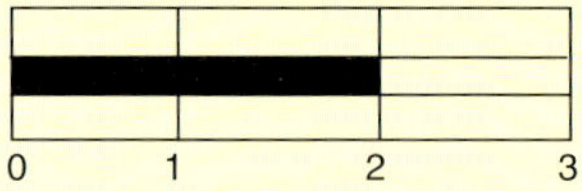

Kraftaufwand

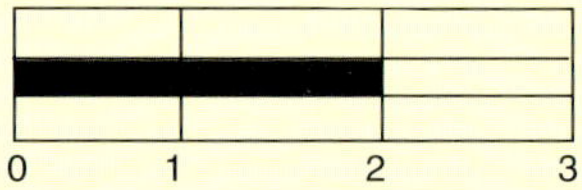

Arbeitszeit
Für einen Rohbau müssen Sie je nach Größe des Gebäudes viele Wochen oder sogar einige Monate rechnen.

Ersparnis
Durch Eigenleistung können Sie etwa 30 bis 40 % der Rohbaukosten sparen.

ser oder Geräteschuppen, nicht zuletzt auch Anbauten und Sanierungen von älteren Gebäuden. Je größer das Bauvorhaben ist, desto eher sollte man sich für ein Bausystem entscheiden, für einen bestimmten Baustoff, für ein Arbeitsverfahren und für die Art der Eigenleistung. Man kann sich für ein Bausatzhaus entscheiden, das ein Hersteller auf die Bedürfnisse des Bauherrn zuschneidert und das hohe Eigenleistungen ermöglicht. Daneben bieten Hersteller Ausbau- und Mitbauhäuser an, bei denen sich Firma und Bauherr die Arbeiten aufteilen. Nicht zuletzt kann man mit lokalen Baufirmen zusammenarbeiten, die der Eigenleistung positiv gegenüberstehen.

Man sollte sich genau überlegen, wie **Transportleistungen** mit möglichst wenig Aufwand durchgeführt werden können. Statt eines Krans kann man Bauaufzüge einsetzen, Fertigteildecken können auch von Lkw-Kränen verlegt werden. Nicht zuletzt kann das Transportfahrzeug Fertigbeton über Schlauchleitungen auch an entferntere Stellen pumpen.

1 Alle kleineren und größeren Gebäude benötigen entsprechende **Fundamente** – je nach Baugrund und Gebäude ein Streifen- oder Plattenfundament aus Beton. Kleinere Plattenfundamente für kleinere Gebäude kann man selbst herstellen, Fundamente für Wohnhäuser sollte man jedoch Fachleuten überlassen.

2 Das **Schnurgerüst** ermöglicht mit Hilfe eines Lots die Übertragung der richtigen Baumaße auf das Fundament. Die Kelleraußenwände werden entweder mit herkömmlichen Mauersteinen errichtet. Es können auch Schalungssteine eingesetzt werden, die mit Beton vergossen werden. In Fällen, in denen mit Belastung durch Stau- oder Grundwasser gerechnet werden muß, stellt man Kelleraußenwände häufig auch aus Sperrbeton her – eine Arbeit für eine Fachfirma.

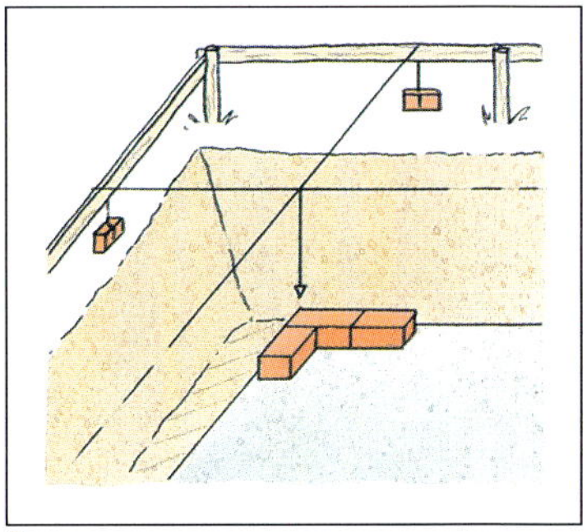

2

3

1

4

5

6

7

Erdberührendes Mauerwerk muß vor Feuchtigkeit geschützt werden: durch Anstriche aus Dichtungsschlämmen oder Bitumen, bei Belastung durch Hang-, Stau- oder Grundwasser mit vollflächig verklebten Dichtungsbahnen. Hier sollte man im Zweifelsfall eine Fachfirma beauftragen. Zum zusätzlichen Schutz vor Feuchtigkeit empfiehlt sich eine Dränage aus geschlitzten Rohren, die im Kiesbett verlegt werden, meist rund ums Haus laufen und anfallendes Wasser aufnehmen und ableiten. Dränagerohre sollten mit Revisionsschächten verbunden sein.

3 Geschoßdecken können Sie aus Fertigelementen errichten, als Fertigteildecken verlegen lassen oder aus kleineren Elementen wie Stahlbetonträgern und Deckensteinen selbst herstellen.

4 Zum Aufmauern bevorzugen Heimwerker häufig das Mauern mit Dünnbettmörtel. Die Arbeit wird mit Baustoffen erleichtert, die das sogenannte Stumpfstoßverfahren ermöglichen, bei dem zuerst die Außenmauern hochgezogen und anschließend die Innenmauern mit den eingelegten Maueranker verbunden werden. Fenster- und Türöffnungen werden mit Stürzen überdeckt, die ausreichend tragfähig sein müssen. Man wird dabei vor allem Stürze und Rolladenkästen verwenden, die in Abmessung und Verarbeitung mit dem Material des Mauerwerks harmonieren.

5 Auch **Treppen** können Sie selbst bauen, vor allem wenn Sie Fertigteiltreppen verwenden. Die Treppenstufen werden erst nach dem Hochmauern der Wände eingesetzt; sie lagern auf speziell für diese Elemente errichteten kleinen Stützmauern.

6 Das Giebelmauerwerk richtet sich nach der vorgeschriebenen Dachneigung. Es wird im geplanten Winkel vorgemauert und erst nach der Aufstellung des Dachstuhls dem Balkenverlauf angepaßt.

7 Auch das Verputzen größerer Flächen ist für den geübten Heimwerker meist kein Problem. Einige Untergründe können, andere müssen vorbehandelt werden, wenn der Putz auch wirklich halten soll. Es sollten Putzsysteme bevorzugt werden, die auf den jeweiligen Baustoff und die Verwendung abgestimmt sind.

Wo finde ich was?

Abbildungsverzeichnis

Die folgenden Firmen haben Bildmaterial für dieses Buch zur Verfügung gestellt. Da sie damit zur Gestaltung dieses Buches beigetragen haben, möchten wir ihnen an dieser Stelle für die freundliche Unterstützung danken.

Hebel AG
Postfach 1351
82243 Fürstenfeldbruck
S. 6, 10 (4), 28 (2), 34-35 (3,5), 40 (2), 41 (2), 43 (1), 49-50 (10-14), 51, 52 (1), 54 (5), 54 (9-10), 58, 59-60 (1-6), 66, 67 (2-4), 82, 92, 93-94 (3-7)

Unipor-Ziegel Marketing GmbH
Aidenbachstr. 234
81479 München
S. 10 (2), 19 (9), 34 (4), 43 (2), 46, 50 (15)

Kalksandstein Information GmbH
Postfach 21 01 60
30401 Hannover
S. 13 (4), 48 (9), 55 (11), 56

Sakret Trockenbaustoffe GmbH
Otto-von-Guericke-Ring 3
65205 Wiesbaden
S. 44 (3)

PCI Augsburg GmbH
Piccardstr. 11
86159 Augsburg
S. 79 (9), 81 (3)

SchwörerHaus KG
Postfach
72530 Hohenstein
S. 91

Die übrigen Fotos stammen aus dem Archiv des Autors, die Zeichnungen von Ulla Häusler.